「対話学」のすゝめ

リーダーシップを鍛える

慶應義塾大学法学部教授
田村次朗
東京富士大学経営学部教授
隅田浩司

東京書籍

リーダーシップを鍛える「対話学」のすゝめ　目次

第3章 対話力を活かす

はじめに

人は誰しも、喜怒哀楽、驚き、諦めなどの感情を持っている。人はまた、生活や環境の中で育まれた自らの価値観や見解を持っている。当然のことながら、それぞれの人のモノの見方や考え方は異なっている。同じ事実を見ても、人はそれを自分なりに理解して、他の人とは異なった捉え方をする。

よく考えればそれは当たり前のことである。しかし、身近な問題について話し合ったり、ビジネスの交渉を行ったりするときに、とかく人はそれを忘れてしまう。そして、言い争いや対立が起きる。また、人は、相手の意見に対して、自分で勝手に推理を働かせて、相手の意図を曲解して推し量る。その結果、言い争いや対立は一層激化する。

意見の違いや対立に対処するひとつの方法は、意見の相違点や対立する論点を明確にしたうえで、相手とじっくり話し合い、互いに理解し合うことである。頑《かたく》なに自説を主張するのではなく、相手の話をよく聞いて理解する。これを「傾聴」という。その後、相手の話から得られたさまざまな情報を整理しながら自分の意見を表明して、合意を形成していく。

私たち（田村と隅田）の専門分野のひとつである「交渉学」は、人と人とのコミュニケーションのための学問である。ハーバード大学の故ロジャー・フィッシャー教授によれば、「交渉」とは、他人への要求を通そうとするときに用いる基本的手段であり、共通する利害と対立があるときに、合意に達するために行う相互コミュニケーションである。

故フィッシャー教授がつくり上げた交渉学を「ネゴシエーションｖ１．０」（『ハーバード流交渉術』三笠書房・１９８９年）と呼ぶ。その後、ダニエル・シャピロ教授が中心になって、人間が持つ感情面を重視した交渉学が展開され、これを「ネゴシエーションｖ２．０」（『新ハーバード流交渉術―論理と感情をどう生かすか』講談社・２００６年）と呼ぶ。さらに、最近では、解決不能と思われる対立を心理学的アプローチで乗り越える交渉学（ネゴシエーションｖ３．０―『決定版・ネゴシエーション３．０―解決不能な対立を心理学的アプローチで乗り越える』ダイヤモンド社・2020年）に進化している。

私たち（田村と隅田）は、交渉学研究のかたわら、折に触れて、日本で交渉学を普及させるために、大学や高校での授業やビジネスマン向けの講座などで講義やセミナーを行っている。実は、その過程で明らかになったことがある。それは、「交渉」の基本的な要素として「対話」があるということである。「対話」とは、意見の相違を前提とした話し合いであり、「対話」が機能すれば、交渉はスムーズに運ぶ。交渉で、相手の話を傾聴し、相手を理解し、創造的な問題解決を行う力を「交渉力」という。それは同時に「対話力」でもある。

これまで日本社会では、異なった意見を前提にして、新たな問題解決に向けて話し合いを行うということはほとんどなかった。したがって、「対話」という言葉はあっても、独自の意味や意義を持つとは考えられていない。日常生活において、対話という言葉は、「会話」や「議論」とほぼ同義に使われている。

しかし、グローバル化が非可逆的に進行している現在、人は、好むと好まざるとにかかわらず、モノの見方や考え方が異なる人々との話し合う場に直面することが多くなっている。「対話」する機会が増え、「対話力」を持つことの重要性はますます高まっている。

今、哲学や精神医学の分野、そしてビジネスの現場で「対話」に注目が集まっている。哲学では、日本の各地で「哲学対話」が開催されている。精神医学では「対話で心を開く」という実践が広まっている。ビジネスでは、「対話」による新しい価値創造が期待されている。本書では、「交渉学」の視点から「対話」について論じるとともに、会議などの集団的意思決定の場での「対話」の具体的な活用法を提起している。

2020年12月

田村次朗・隅田浩司

序章

混同されている「会話」・「議論」・「討論」・「対話」

「会話」・「議論」・「討論」・「対話」

「対話」という文字をパソコンで検索すると、3000万件以上ヒットする。近年、「対話」についての関心が高まっていることを如実に表している。私たちは普段、会話、議論、討論、対話という言葉を何となく使いわけているように思っているが、実はその違いを明確に理解しているわけではない。したがって、「対話とは何か」と質問されると答えに窮してしまう。

『広辞苑』(第7版)によれば、「対話」とは「向かい合って話すこと。相対して話すこと。二人の人がことばを交わすこと。会話。対談」である。また、「会話」とは「二人あるいは小人数で、向かいあって話しあうこと。また、その話」であり、「議論」は「互いに自分の説を述べあい、論じあうこと。意見を戦わせること。また、その内容」、「討論」は「(明治10年代からdebateの訳語として用いるようになった)事理をたずねきわめて論ずること。互いに議論をたたかわすこと」である。何となくわかったようでいて、これだけではそれぞれの違いがよくわからない。

そこで、「形式」と「内容」というふたつの視点からそれぞれの意味をまとめると次のようになる。

まず、「会話」とは、通常、ふたりあるいは数人で行い、「日常会話」とか「英会話」というように、気軽にとりとめのない内容の話をすること。もちろん、何気ない「会話」から重要な発見を思いつくというケースもある。ただ、一般的には、親しい人、あるいは初対面の人と言葉を交わす場合を「会話」と呼んでいる。

次に、「議論」(ディスカッション)はふたり以上で行う「意見のぶつけ合い」である。「何々について議論しよう」というように、ある決まった議題について、結論を出すために行う。論理的に議論できる人もいれば、感情的に相手の批判を繰り返す人もいるので、収拾がつかなくなる場合もある。

「討論」(ディベート)は、複数人で、ある問題についての是非を議論すること。「公開討論会」という言葉があるように、ある問題について賛成派と反対派に分かれて意見を戦わせ、それぞれの立場の正しさを主張し合う。

それに対して、「対話」とは、仮に複数人が参加したとしても、相手と自由に意見を出し合い、互いに理解を深める方法である。その場で「対話」の議題を決めることもあるが、事前に「対話」の議題を決めて行う場合もある。議題が決まっている場合には、「対話」によって創造的な解決策を見つけることができる。

「対話」と「問答」

ところで、「対話」という言葉が日本語として使われ始めたのはいつごろのことだろうか。福沢諭吉が明治10年（1877年）に書いた『旧藩情』の中に「対話」という言葉が登場する（＊1）。

「故に隔壁《かくへき》にても人の対話を聞けば、その上士たり、下士たり、商たり、農たるの区別は明《あきら》かに知るべし」

上士とは上級武士、下士とは下級武士のことで、旧中津藩の人々の言語なまりを紹介したあとの文章である。ここで「対話」という言葉は、一般的な「会話」という意味で使われていると思われる。

その後、夏目漱石や森鷗外、芥川龍之介などの小説の中でも「対話」という言葉が使われているが、いずれも今で言う「会話」と同義だと考えられる。

古くから日本では、「対話」ではなく「問答《もんどう》」という言葉が使われていた。「問答」とは、まさにその文字通り、「問い、答える」という意味である。実際、ソクラテスが相手と交わしたやり取りは「問答法」と訳され、「対話によって相手の矛盾・無知を自覚させつつ、より高次の認識、真理へと導いていく手法」のこととされている。

例えば、『万葉集』には、山上憶良《やまのうえのおくら》の有名な「貧窮問答歌《ひんきゅうもんどうか》」（＊2）が載っている。「禅問答」といえば、「何を言っているのかよくわからない」会話のことであり、もともとは禅僧が悟りを開くために行う問答とされている。また、俄か住職になった蒟蒻《こんにゃく》屋の主人が旅僧《たびそう》に禅問答をしかけられ、口もきけず耳も聞こえないふりをしていると、旅僧が無言の「行《ぎょう》（僧や修験者の修行）」と取り違え、敬服するという筋書きの落語があり、そこから「とんちんかんで見当はずれの応答」のことを「蒟蒻問答《こんにゃくもんどう》」というようになったと言われている。

江戸時代には、思想家であり倫理学者の石田梅岩《いしだばいがん》が『都鄙問答《とひもんどう》』（＊3）を書いているし、明治時代には中江兆民の『三酔人経綸問答《さんすいじんけいりんもんどう》』（＊4）が出版されている。

また、互いに自分の見解を主張して、一歩も後へ引かず言い争うことを「押し問答」という。１９３２年の五・一五事件では、襲撃された犬養毅《いぬかいつよし》（１８５５年〜１９３２年）首相が、「話せばわかる」と何度か言ったのに対して、海軍中尉・山岸宏が「問答いらぬ。撃て。撃て」と命じ、海軍中尉・三上卓《みかみたく》と海軍予備少尉・黒岩勇が犬養首相を撃ったという。

劇作家の平田オリザ氏が指摘するように、日本人は10世紀初めの遣唐使廃止以来、約1000年にわたってほとんど諸外国との交流がなく、また人々は長きにわたって生まれた場所から移動することがなかったため、言葉のやり取りは気心の知れた人々との間でのみ行われていた。つまり、「意見の違いを乗り越えて、創造的な解決策を生み出すための話し合い」はほとんど必要なかった。したがって、「対話」という言葉もなかったのかもしれない。

本書の構成

本書は3つの章で構成されている。

第1章「対話ができない日本人」では、日本で「対話」が行われていない現状を「対話不全」と名付け、現実に行われている（であろう）会議やミーティングを事例に取り上げて、そこでは「対話」が行われていないこと、また、なぜ会議やミーティングの場で対話が行われないのかについて考察する。さらに、グローバル化やSNSの急進展によって、個人レベルでも世界の政治の場でも「対話不全」の状況が広がっていることを紹介する。

第2章「対話力を高める」では、まず、「『対話』とは何か」について考えるために、デヴィッド・ボーム『ダイアローグ』、中島義道『〈対話〉のない社会』、平田オリザ『対話のレッスン』などを参考にして、「対話」についての定義を確認する。また、「対話」についての議論を「哲学的対話論」と「実践的対話論」に分類し、それぞれの考え方や方法論を紹介する。

第3章「対話力を活かす」では、「キューバ危機」におけるケネディ大統領の決断などの事例を紹介しながら、組織内の意思決定における「対話」の重要性に着目する。そして、組織内意思決定では、「対話力」がグループダイナミクス（集団力学）の源となることを指摘し、「対話力」を活用して、どのように会議をマネージメントするかを、「SPIC《スパイス》Eアプローチ」を通して説明する。

＊1　福澤諭吉著・坂本多加雄編『福澤諭吉著作集　第9巻』慶應義塾大学出版会（2002年）。
＊2【貧窮問答歌】山上憶良の長歌（万葉集巻5）。貧乏な生活を問答の形で述べ合ったもの。班田制下の農民の姿を伝えている。
＊3【都鄙問答】石田梅岩（1685〜1744）の著書で、石門《せきもん》心学の思想が平易な問答形式で記述されている。
＊4【三酔人経綸問答】中江兆民（1847〜1901）の著書。3人の男が酒を飲みながら日本の針路など政治論を展開する内容。

第1章

対話ができない日本人

1　繰り返される対話不全のミーティング

日本に会議室はどのくらいあるのか

人が数人集まれば「会合」が開かれる。企業や組織によって、ミーティングであったり、会議であったり、名前はさまざまだが、複数の人が集合して、話し合いを行う。日本ではかつて「寄合《よりあい》」と呼ばれていた。

会合あるいは寄合には「場」が必要である。企業や大学では、会議室、ミーティングルーム、セミナー室などであり、地方自治体にも住民が利用できる「会議室」がある。企業や大学などを含めて日本全国にどのくらいの数の「会議室」があるのか不明だ。しかし、インターネット上には貸会議室専門のサイトもあるくらいなので、相当数の「会議室」があることは想像される。今の日本社会には「会議」をするための「場」が不可欠である。ちなみに、最近では「会議スペース」のあるマンションも多くなっている。立教大学の田島夏与《たじまかよ》教授によれば、東京都内のマンションでは、集会等の会議を行うスペースがあることは、ない場合と比較して、住戸の再販売価格を約7%上昇させるという(*1)。

2019年末以降の新型コロナウイルス騒動で、リモート会議形式に切り替えた企業も多い。「会議室」に集まるのではなく、インターネットを利用して、各人が別々の場所にいて会議に参加するのである。しかし、新型コロナウイルスのワクチンや処方薬はいずれ開発されるから、「三密」(密閉・密集・密接)(*2)に留意したうえで参加者が集まって会議するケースが復活するだろう。また、リモートワークがある程度定着すれば、その分オフィススペースは不要になる。社員のデスクは必ずしも必要ではなくなるかもしれない。しかし、社員が集まって話し合う場は必要だと考えている経営者も多い。

問題は、その「会議スペース」でどのような「会議」「会合」「話し合い」が行われるかである。よくありがちな会議のいくつかを見てみよう。

「対話」のない会議

某月某日、某社の会議室で月例営業会議が始まった。出席者は、営業部長1名、営業課長2名、営業係長1名、以下、営業部員全員。

司会担当の営業課長が口火を切る。

課長Ａ「ただいまから、月例営業会議を始めます。まず、部長から一言お願いします」

ごほんと咳払いをして、部長が話し始める。

部長「みなさんの頑張りもあって、先月の売り上げ目標は達成されました。しかし、今月はさらに高い目標に向かって頑張ってもらわなければなりません。事前に伝えてあるように、今日は売り上げを伸ばすためのさまざまな施策について討議したい。まず、私の考えを言うと、……」

と滔々《とうとう》と自説を述べ始めた。部長の話が一段落したのを契機に、営業課長が言う。

課長Ａ「では、次にみなさんからの意見を聞きたいと思います」

しばらく沈黙があり、営業係長が発言した。

係長「部長の提案された施策は大変面白いと思います」

と言って、係長は、部長の提案とほぼ同じ内容の施策を繰り返した。

課長Ａ「部員のみなさんはどうですか？」

営業課長が他の参加者たちに発言を促した。しかし、営業部員の多くは発言しようとしない。また、発言したひとりの部員の発言内容も、多かれ少なかれ部長の意向に

どうですか？　皆さん？
部長に賛成です。
部長
部長の
おっしゃったように…
部長の意見は
大変面白いと
思います。
同感です。

沿ったものである。営業部員たちは、部長の意向に沿わない提案をすれば後で何を言われるかわからないことを経験的に知っている。最善の策は発言しないことである。顔を上げて部長や課長と目が合うと何か言わなければならなくなる。だから、顔を上げずに、下を向いて、配られた資料に目を通すふりをしている。

活気のない雰囲気が会場全体を支配する。さらに、営業課長が発言を促す。

課長A「どうですか、みなさん、ほかのご意見もお聞かせください」

みな顔を見合わせる。暗黙のうちに発言を促されたもうひとりの営業課長が手を上げて発言した。

課長B「部長のご提案への支持が高いように思いますが……」

全員がうなずく。

課長A「では、部長の方針でよろしいですね。それでは、次に今月の売り上げ目標ですが……」

という司会の営業課長の発言を遮るように、部長が口をはさむ。

部長　「ちょっと、いいかな。目標については……」

部長の話が延々と続く。

トップが会議を支配する「パワープレイ」

このような会議は、極端な例のように思われるかもしれない。しかし、あなた自身の経験を思い出してほしい。どこかでこのような会議に遭遇しているのではないだろうか。

果たしてこれは「会議」と呼べるのか。否である。「会議」というよりも、独演会に近い。「部長の説明を聞く会」と言ったほうがいいかもしれない。会社という組織は、「人間」という資源（人的資源）の束《たば》の集合体である。にもかかわらず、部長以外の、ひょっとしたら部長よりも優秀であるかもしれない人的資源の存在がまったく無視されている。まさに「宝の持ち腐れ」であり、これでは組織の力を活かすことはできない。

ここであげた「会議」の問題点を指摘しよう。

第一に、最初から結論が決まっていること。部長の話以外の結論はあり得ないということが暗黙のうちに了解されているのである。

第二に、会議に序列が持ち込まれていること。一般に、会議とは、さまざまな意見を持ち寄って検討する場と考えられている。そして、さまざまな意見を持ち寄って検討するためには、会議の参加者がフラットな関係にあることが必要である。

しかし、立場上の上下関係が存在する企業での会議では、フラットな関係をつくり出すことは難しい。したがって、このような会議では、トップがフラットな関係をつくることができるかどうか、その力量が問われることになる。ここで紹介した企業の会議では、司会役の課長は、まず序列トップである部長の発言を促し、部長は最初から自説を述べている。

権威ある人に同調してしまうのは人の常である。部長の下にある部下たちは、仮に違う意見を持っていたとしても、立場上、そもそも部長の意見に反対することは難しい。トップが会議を管理し、支配することを「パワープレイ」と言う。

「集団極性化」という最悪の選択

第三に、この会議では、部長の意見だということでみんなが賛成している。むしろ賛成を強いられているといったほうがいい。しかし、よく考えてほしい。部長の意見が常に正しいなどと誰が言えるだろうか。部長の意見が正しいのであれば、会議など必要はない。部長の意見であっても、間違っているかもしれない。あるいは、より良い意見があるかもしれない。だから、会議が開かれると考えるのが妥当だろう。

部長は「会議」という名目で、自己保身を図っている。つまり、自らの決定が正しければ自らの昇進に役立つだろうし、仮に間違った決定をしてしまったとしても、「会議による全会一致だ」と言い逃れることができると考えている。

また、会議のトップが部長ではなく代表取締役社長だったらどうだろうか。会議の全参加者が深く考えることもなく、社長の言うことだからと賛成する。仮にその決定が極端なものであっても、誰も反対せずに、みんなが賛成してしまう。会社は知らず知らずのうちに、極端な方向に走っていく。その結末は、業績悪化かもしれないし、最悪の場合は企業倒産に至るかもしれない。

このように、組織が誰からも批判されることなく極端な方向に向かうことを「集団極性化」と言う。全員がモノを考えずに多数意見に従ってしまう結果として、組織は大きな代償を払うことになり、悲惨な結末を迎えることになる。たかが定例会議だと侮ってはいけない。会議は組織の現状を映す鏡だ。

「対話」のないミーティング

次のケースは大学でのミーティング。某月某日の某大学のゼミ室。学生たちがミーティングを行っている。テーマは「新年度の社会貢献活動について」。

ゼミ長のA君が口火を切る。

A君「社会貢献をするという大きな枠組みは決まりました。時間も限られているので、僕から具体的な提案をしたいんだけど、いいですか?」

Bさんが口をはさむ。彼女は短期の海外留学から帰国したばかりである。

Bさん「ちょっといい。私は先月まで、南アフリカのP大学に短期留学して、そこで貧困問題について研究していたの。世界人口の10人にひとりは1日1・9ドル以下の生活費で暮らしている。特にアフリカのサハラ砂漠より南の地域、サブサハラって言うんだけどね、この地域の貧困率は40%以上と言われている。この人たちの手助けになる活動ができないかな」

C君が発言する。彼は日ごろから社会問題に興味を持っている。

C君「貧困問題もいいけど、今日本では、子どもたちの不登校が大きな問題となっている。いじめなどが原因のひとつと言われているけど、この子どもたちを支える活動ができないかな。教育という観点からの社会貢献についても考えるべきだと思うよ」

C君の意見に対して、海外経験で自分の意見を言うことの重要性を身に染みて経験してきたBさんが、すかさず言った。

私は南アフリカのP大学に留学していて…
貧困問題
ハーイ
ええっととりあえず皆の意見をまとめると
僕は貧困問題もいいけど、今日本では、子どもたちの不登校が
私はグローバルに考えて、中国や韓国との関係で…
○△大学
□×ゼミ
テーマ
「新年度の社会貢献活動」
それも大事だね
ちょっと待って!!
まだ私の意見を
言ってないんだけど！
みんなの意見を
ちゃんと聞こうよ!
僕が思うのはね…

Bさん「その意見に賛成。ということで、子どもの貧困と日本の教育問題に関する社会貢献を行うということでどうだろうか」

ふたりのやり取りを聞いていたDさんが自分にも言わせて欲しいと手を上げる。Dさんは国際政治に興味を持っている。

Dさん「社会貢献というと、すぐに貧困とか教育とかいうことになるけど、私は、もっとグローバルに考えて、中国や韓国との関係での安全保障という面から社会貢献について考えるほうが重要だと思う」

Dさんの意見にC君が答える。

C君「グローバルに考えることは大切だけど、安全保障となると話が大きすぎて、どんな社会貢献活動をすればいいか見当がつかないよ」

議論は空回りを始めたようだ。ゼミ長のAさんがまとめようとし始める。

A君「いろいろな意見が出たけれど、とりあえず、みんなの意見をまとめると……」

これまで黙っていたEさんが話を遮る。

Eさん「ちょっと待って、まだ、私の意見を言っていないんだけど」

副ゼミ長のF君がここぞとばかり身を乗り出す。

F君 「みんなの意見をちゃんと聞こうよ。僕が思うのはね、……」
こうしてとめどなく議論は続く。

「承認欲求」と「聞く耳持たない症候群」

このような話し合いは、一見活発そうに見える。しかし、実際には、不毛な議論が延々と続くだけに終わることが多い。残念ながら、このミーティングで実りある結論や解決策を導き出すことは期待できない。

なぜか。それは、話し合いの参加者が、自分の優秀さを証明したいとか、みんなに認めてもらいたいという強い思いを持っているからである。人間誰しも「他人に認めてもらいたい」という欲求を持っている。これを「承認欲求」と言う。よく知られているように、心理学者のアブラハム・マズロー（＊3）は「欲求5段階説」を展開し、「承認欲求」を、「生理的欲求」「安全欲求」「社会的欲求」に次ぐ第4段階の欲求としている。ちなみに、第5段階は「自己実現欲求」である。

同志社大学の太田《おおた》肇《はじめ》教授（＊4）によれば、「承認欲求があるからこそ人間は努力するし、健全に成長していくといっても過言ではない。また、ほかの人と協力したり、助け合ったりする動機も承認欲求から生まれることが多い……ところが承認欲求には……異質な問題があり……それは注目されるための自己顕示や乱行などより、ある意味でもっと危険で、一層深刻な影響をもたらす」(＊5)と警鐘を鳴らしている。

「承認欲求」が強すぎる人が集まって行われる話し合いでは、みんなが自己を強く主張しようとする。中心になるべきは「もちろん、自分だ」とみんなが考えている。話し合いをコントロールして、相手を説得することに、みんなが一所懸命になる。他人の意見をほとんど聞こうとしない人を「聞く耳持たない症候群」と名付けよう。

座席表でわかる「ダメな会議」

某月某日。東京都内のある大手企業の会議室。テーブルをはさんで社員が座っている。正面には「会議をコントロールしたい人」、その右手には「自分の優秀さを証明したい人」、左手には「とにかくしゃべりたい人」が座っている。その他の出席者は、会議にはまったく興味がなく仕方なく会議に出ている人。そして、いつも話の主導権を握ろうとするけれども失敗している人、若者の立場からの意見を言う人、常に女性の立場からの意見を担当する人、そして、記録係に徹しようとする人である。

さまざまな立場にある人が集まった会議なので、一見すると実りある会議が展開されるのではないかと期待される。しかし、会議の結果は散々なものだった。「会議をコントロールしたい人」、「自分の優秀さを証明したい人」、「とにかくしゃべりたい人」など、強すぎる「承認欲求」を持つ人たちが自説を展開し、若者の立場や女性の意見としてとってつけたような話をするという具合に「聞く耳持たない症候群」が蔓延しただけだったからだ。

会議が失敗したもうひとつの原因がある。それは会議での「座席表」である。どこに誰が座るのか、会議では座席表も重要な要素である。

米光一成《よねみつかずなり》元立命館大学教授（＊6）は、「ダメな会議の座席表」として次のような例を紹介している（図1）。

縦長の会議テーブルの一番奥には「偉い人」が座っている。「強引に決めたり、もうちょっと考えておきなさい、とか言う人」である。テーブルの両側には、向かって左側（「偉い人」の右隣り）に「次に偉い人」が座り、偉い人に賛成して「それはいいですねえ」と発言する役目を担っている。「偉い人」の左側には「次の次に偉い人」が座り、彼（彼女）の主な役目は資料を読み上げること。さらに、「次に偉い人」の隣りには、「偉くな

図１　ダメな会議の座席表　米光一成『仕事を 100 倍楽しくするプロジェクト攻略本』ベストセラーズ（2007）の図（59 頁）を参考に作成。

りたい人」が座り、「偉い人」の発言に頷いたりする役目がある。その横には、「とりあえずいる人」がふたり座っている。また、「次の次に偉い人」の横には、「発言をメモる人」が座り、「とりあえず出て、メモを取るふりをしている人」、そして末席には、「女性として出されている人」が座り、「女性の視点から見てどうですかね?」という質問を受ける、という具合である。

米光教授は、「さすがに、これほどのダメダメ会議は減ってきていると思う」と書いている。しかし欄外に、注として、小さな文字で、「ネット上でダメ会議例を発表した時には、『うちの会社はまさにこれです』という悲しい共感の声をたくさんいただいた」とも付記している。対話がない「ダメダメ会議」はまだまだ行われている。

対話不全の会議になってしまう5つの理由

以上をまとめよう。日本の多くの企業や組織で行われているさまざまな会議やミーティングで「対話」がほとんど見られない理由としては、次の5つを指摘することができる。

第一は、会議における座席の問題である。例えば、会社内の序列ごとに席順が決まっているような会議では、序列の最も高い人が発言を支配することが多い。前述した「パワープレイ型会議」である。このような会議では「対話」は望めない。

第二は、ひとりの発言に参加者全員が賛同しがちになるという問題である。上司のパワープレイが絡んで全会一致を原則とするような会議では、「集団極性化」が発生しやすくなり、「対話」は望めない。

第三は、会議に参加する個人の問題である。自分の優秀さを示したいという「承認欲求」が強すぎる人は、他人の意見を聞こうとせずに自分の発言を繰り返すことが多い。このような会議では「対話」は望めない。

第四は、会議参加者の安易な思考停止がある。自らが思考停止していることを認識するのは難しいことだが、「対話」ができていなければ思考停止に陥っていると考えていい。

第五は、多くの日本の企業の中では、例えば、同じ組織だから経営理念を共有しているはずだというような「暗黙の了解」があることである。それは、外から見るとまったく「おかしな暗黙の了解」に見えるものだが、その結果として、会議では「対話」が行われないということになる。極端すぎる指摘かもしれない。しかし、そこには日本人特有の気質が透けて見える。

よくありがちなミーティング

「対話」がないのは大人社会だけではない。あなたの中学・高校時代を思い浮かべれば、中学生も高校生も「対話」のないミーティングを行っていたことに気づくだろう。もちろん、日本の中学や高校では「対話」について教わる機会はほとんど皆無なので、「対話」ができない若者が多いのは仕方がないことなのかもしれない。

某月某日、某有名県立高校の野球部でミーティングが行われた。

夏の県大会を前に、この地区では強豪校の誉れ高い某私立高校野球部と練習試合を行い、善戦むなしく惜敗した。その翌日に、キャプテンがレギュラーメンバーを招集して今後の改善点についてミーティングを行ったのである。

CAP（キャプテン）、投手A（エース投手）

CAP「昨日の試合は残念ながら負けてしまったけれど、なぜ負けたのかを分析して、県大会に向けての改善点を相談しよう。まずは、みんなの意見を聞かせて。なぜ、負けたと思う？」

4番K「打線に問題があると思う。ピッチャーはよくやった。取られたの3点だろ？　2点しか取れなかったのが問題で、4点取っていたら勝てたわけだ。だから、攻撃力アップが必要だと思う」

投手A「そうかもしれないけれど、仮に僕が0点に抑えていれば勝てたはずだ。肩の調子も良かったし、あの1球が悔やまれるよ。完全に配球を間違えた。相手の打者はプロのスカウトから注目されているほどの選手だ。ホームランを打ってくださいよというような球は投げるべきではなかった。投手としてもっと考えるピッチングを学ばないといけないと反省している」

捕手C「Aだけを責められないよ。エラーもあったしね。守備も、基本から見直したほうがいいね」

CAP「女性の視点も聞いてみよう。マネージャーのMさんはどう思う?」

マネM「勉強も忙しいのに、みんなよく頑張って練習しているよ。試合の結果は残念だったけど、十分頑張ったと思うよ」

CAP「あとは、同じ意見かな? それなら、打撃・守備の両方を見直そう。打撃は4番K、守備は捕手Cを中心にやっていこう。頑張ろうぜ!」

CAP
なぜ負けたと思う？
4番K
打線に問題があると思う
マネM
残念だったけど十分頑張ったと思う
捕手C
守備も見直したほうがいい
投手A
僕が0点に抑えていれば、勝てたはず。

「会話」ではなく「対話」を

それぞれの選手が相手の気持ちを慮《おもんばか》り、自らの過ちを率直に認めて反省している。とかく運動部にありがちだと言われるコーチや監督からのしごきやパワハラなど微塵も感じさせない。文武両道を標榜する優秀な高校生ならではのミーティングである。

しかし、実はこのような話し合いは「会話」にすぎない。それぞれの選手が自分の考えていることを言っているだけだからである。彼らのミーティングでは「対話」が行われていない。もちろん何気ない会話から重要なヒントが生まれることもある。しかし、ミーティングで「会話」を何度繰り返し行っても「対話」にはならない。

対立するかもしれないことを恐れて、当たり障りのないことを話しているだけでは事態は大きく変わらない。選手たちは翌日からさらに研鑽を積んで、少しずつ上手になり、少しずつ強くなっていくかもしれない。しかし、野球は才能のスポーツでもある。どんなに一所懸命に練習しても、才能豊かな選手を集めたチームにはかなわない。

ちょっと厳しすぎる指摘かもしれない。しかし、普通のことをしていては、世間をあっと言わせるようなことなど起こせない。

ではどうすればいいいか。「対話」のミーティングを行うことである。

人は誰しも異なる考えや意見を持っている。「対話」とは、対立を恐れずに、異なる考えや意見を持つ人と行う話し合いである。相手に合わせることなく、自分と相手の意見の相違を確認しながら、意見の違いを乗り越えるために、協同して問題解決に取り組むこと、それを「対話」と言う。「対話」によってはじめて、それまでには考えられなかったような創造的な新しい問題解決策が生まれる。

豊かな言葉のやり取りが対話力を生み出す

2018年の第90回記念選抜高校野球大会に滋賀県の進学校が選出されて話題になった。残念ながら初戦で敗退したが、データを駆使した守備位置変更などで相手チームを翻弄した。彼らの野球は、練習試合での敗戦の経験を踏まえた次のような反省会のミーティングの延長線上にあったのかもしれない。

CAP(キャプテン)、投手B(エース投手)

Cap「昨日の試合から何をどう改善すべきか、みんなの意見を聞きます。この野球ボールを回すので、これを持っている人が自分の意見を言ってください」

私がまとめた相手チームのデータを見せて相談してみない?
マネM
僕たちの野球は文武両道で強いということだよね。
何をどう改善すべきだと思う?
4番A
捕手C
CAP
スポーツ科学専攻の兄貴に、データ野球について聞いてみようか?
強豪校と同じことをしても勝てないよね。
投手B
1
6

４番Ａ「僕たちの野球は文武両道で強いということだよね」
投手Ｂ「そう。だから、強豪校と同じことをしても勝てないよね。どうしたらもっと改善できるだろうか」
捕手Ｃ「難しい話だけど、大学でスポーツ科学を専攻している兄貴がデータ野球の話をしてくれたことがある。どういうことなのか聞いてみようか？」
マネＭ「私はスコアを全部まとめているので、相手チームのデータはすぐ出せる。それを見せて相談してみない？」
ＣＡＰ「いいアイデアをありがとう。すぐに行動しよう。そして、今回の負けを自分たちらしく活かそう！」

実は、「対話」では、「拡散」と「収束」が重要なポイントになる。「拡散」とは、さまざまな意見をテーブルにのせて話し合うことであり、「収束」とはその中からイシュー（議題）を決めていくこと。ここで紹介した高校生たちの話し合いでは、その「対話」の方法論が見事に展開されている。「対話」では、勝ち負けではなく、「言葉のやり取り」をするというプロセス」を重視することが大切である。プロセスを重視することこそが真の「対話」を生み出すことにつながり、「対話力」のある個人や組織をつくることになる。

ちなみに、「野球ボール」を持った人が発言するという取り決めは、「トーキングスティック」として知られる話し合いの方法である。東京工業大学の中野民夫《たみお》教授（＊7）によれば、ネイティブアメリカンの伝統であり、「棒を持っている人だけが話し、持っていない人は聴くというシンプルなルール」である。話し手は「トーキングスティック」を持って、自分の考えや意見を誠実に話す。聞き手は、全身全霊を込めて話を聴いて理解しようと努める。「トーキングスティック」は「対話」を行うための基本的なツールと言える。

＊1 「マンション共有施設が住戸の中古取引価格に与える影響」（『季刊 住宅土地経済』第107号、公益財団法人日本住宅総合センター発行）。

＊2 【三密】 三密の状態とは、窓がない部屋や換気が不十分な密閉した空間（密閉）、混雑した人込み（密集）、手が届く距離での会話や運動（密接）、を指す。

＊3 【アブラハム・ハロルド・マズロー（1908年〜1970年）】 心理学者。アメリカ合衆国ニューヨーク市出身。「人間は自己実現に向かって絶えず成長する」と仮定し、人間の欲求を5段階の階層で理論化（自己実現理論）。

＊4 【太田肇（おおた はじめ）】 1954年兵庫県生まれ。同志社大学政策学部教授（大学院総合政策科学研究科教授を兼任）。神戸大学大学院経営学研究科修了。三重大学人文学部助教授、滋賀大学経済学部教授を経て、2004年から現職。経営学者。専門は組織論。

＊5 太田肇『「承認欲求」の呪縛』新潮社（2019年）。

＊6 【米光一成（よねみつ かずなり）】 1964年広島県生まれ。ネットワークゲーム・携帯コンテンツ・WEB記事の制作など、幅広く活躍中。『ぷよぷよ』『トレジャーハンターG』『バロック』『キングオブワンズ』などゲーム監督・脚本・企画を多数手がけている。

＊7 【中野民夫（なかの たみお）】 1957年東京生まれ。1982年東京大学文学部宗教学科を卒業し、（株）博報堂に入社。1989年に休職留学し、1991年カリフォルニア統合研究所（CIIS）の組織開発・変革学科修士課程修了。2012年に博報堂を退社し、同志社大学教授を経て、国立大学法人東京工業大学リーダーシップ教育院、リベラルアーツ研究教育院教授。

2 対話不全の世界が広がる

「対話」からはほど遠い日本社会

日本には「対話」がない。より正確に言えば、日本では「対話」が無視されてきた。これまで日本では、「場を重んじる」とか「和をもって貴しとなす」という空気が社会に蔓延していた。「空気を読む」とか「同調圧力」が社会を支配し、「対話」が成立する土壌が形成されてこなかった。日本では、「対話」という言葉を使って、多くの場合、実際には「会話」が行われてきた。

「会話」とは、対立を避けて相手に合わせることが基本になる。不本意なところがあるかもしれないがそれも受け入れ、親睦を深め、相互理解しやすい雰囲気の下で行われる話し合いのことを言う。一方、「対話」とは、対立を前提として、意見や考えが異なる相手に合わせることなく、自分と相手の意見や考えの相違を確認しながら、その違いを乗り越えるために、共同して問題解決に取り組む話し合いである。

日本の社会は、対立することがらについて話し合うことを基本的には嫌う傾向があると言われる。小学校から大学までの教育の現場でも、先生（教師）と生徒（学生）の間での「対話」はほとんどあり得ない。生徒や学生は、授業や講義で先生や教師の話を一方的に聞き、提示された知識を記憶し、テストの答案として吐き出すことが求められてきた。「受け身」の教育である。

さらに、中学受験・高校受験・大学受験という教育の仕組みの中で、正解をより多く出すことができる人が「優秀」だと考えられてきた。そして、「優秀」な人間がリーダーになって、社会で活躍することが当然だと思われてきた。正解のある問題についてより多くの正解を出せる人が優秀だと考えるのは、大きな履き違えである。世の中のほとんどの問題には「正解」などないからである。

ハイコンテクスト社会と「対話」を回避する風潮

対立することがらを、「対話」で解決していく力を「対話力」と言う。

先に指摘したように、日本には対話を回避する風潮がある。「空気を読む」ということは、日本人のお家芸のように言われている。「空気を読む」のは、対立するとその場の雰囲気が壊れてしまうのではないかと恐れ、それを避けるためだ。結果、日本人の多くは「対話力」を欠くことになる。

なぜ、日本では「対話」が回避され、日本は空気を読む社会になっているのだろうか。それは、日本がハイコンテクスト社会だからだと言われている。「コンテクスト」とは、文脈、脈絡、状況などのことである。言語学では、コミュニケーションの基盤となる言語や知識・体験などの共有度合いを指す。つまり、「ハイコンテクスト社会」とは、お互いのことがわかり合えていることが前提で成り立っている社会だ。わかり合えているのだから、「対話」する必要はない、と多くの人が思い込んでいる。

一方、「ローコンテクスト社会」とは、お互いのことがわかり合えていないことを前提とした社会である。したがって、ローコンテクスト社会では互いに理解するために語ることを必要とする。典型的にはアメリカのような社会である。

都市化とグローバル化が急速に進む現在、「ハイコンテクストの前提」、つまり高い文脈でお互いを理解し合っていると考えることは危険極まりない。東京など大都市では個のつながりが消えて、隣に住んでいる人のことさえ知らない社会になっている。また、多くの外国人とともに暮らす社会にもなっている。日本は、隣にいる人が何を考えているのか、お互いに理解し合えているかどうかわからない社会になりつつある。

本当にお互いを理解し合えているかどうかは、コミュニケーションを通じてしかわからない。つまり、ローコンテクストの前提のもとで「対話」をしなければならない社会が到来している。すべての人が「対話」の能力を発揮する方向に移行していかなければ、日本社会は対話不足による機能不全を起こすことになるだろう。

受験病による対話不全

対話不全に関連してもうひとつ付け加えよう。それは、会議でも、あるいは何か問題が起きた時にも、私たちはとかくすぐに「答え」あるいは「結論」を欲しがるということだ。アメリカの認知心理学者のダニエル・カーネマン（＊8）によれば、人は「結論に飛びつくマシン」である。したがって、「答え」あるいは「結論」を欲しがるのは日本人特有なことではない。しかし、とりわけ日本人にはその傾向が強く、その理由のひとつとして忍耐力の欠如があげられている。

なぜ日本人は、忍耐力が欠如しているのか。実は、忍耐力欠如の原点は学校教育に求められる。小学校でも中学・高校でも、すぐに正解を見つけることができる能力を持つ生徒が優秀だとされてきた。優秀な子どもは良い大学に入学でき、一流会社に就職できると考えられている。

しかし、優秀な生徒ほど、正解が見つからないと、いらいらしたり、心配になったりする。例えば、大学の授業でも、この資料を読んで相手とどう対話をするかを考えるように言って渡すと、誰もがそわそわしだす。対話力の資料は、自分たちで議論しながら答えを探せという内容であり、「正解」はないからだ。彼らは長く「受験病」にかかっていて、資料を渡されると、それに対する正解を探さなければいけないという先入観を持っている。このような先入観から逃れられない状態を「受験病」と言う。小学校以来の教育で培われた「受験病」は、「対話力不足」による対話不全を招くことになる。

多くの子どもたちが小学校以来の教育の中で罹患《りかん》している「受験病」は、大人になってからの「対話力不足」という日本人の基礎疾患を生み出し、対話不全の社会を生み出している。

「和の精神」が「対話」を封じている

日本ではなぜ「対話」がないのか、日本人はなぜ「対話」が苦手なのか。その理由について明快に解説している2冊の本を紹介したい。

まずは、中島義道《なかじまよしみち》（＊9）『〈対話〉のない社会』（PHP研究所）。

「思いやりと優しさが圧殺するもの」というサブタイトルがついているこの本は、「教室は『私語』と『死語』とが支配している」という一文で始まる。

哲学者の中島氏は、大学で教鞭をとった経験から、授業中に学生たちがまったく関係のないヒソヒソ話をしているか、死んだように黙ったままでいることに我慢がならない。なぜ「私語」がまかり通るかと言えば、教える側が私語を許しているからである。そしてその理由を、「この国では、公共の場で個人を特定して評価すること、ことに非難することをきわめて嫌う。これは『特殊日本的基本的人権』の核心部分をかたちづくっている」と喝破する。きわめて明快である。

次に、なぜ「死語」が支配するかと言えば、その背景には「日本社会のすこぶる残酷な構造がある」。

それは、「機会だけが均等であるから、能力の差はますます際立ってくることである」。「学力も低く、といって学力以外の（社会的に認められる）『特殊能力』もまったくない青年が——残念なことに——山のようにいるのだ」。そういう青年たちに対して、日本社会は「和の精神」を要求する。「『和の精神』は常に社会的勝者（例えば学力の高い学生）を擁護し社会的敗者（例えば学力の低い学生）を排除する機能をもつ。そして、新しい視点や革命的な見解をつぶしてゆく」

それにもかかわらず、「学力の高い者が『得』をし学力の低いものが『損』をするという この絶対的不平等をどう解決するか、という問題を直視するものは少ない」。そして、この国で「対話」はとても難しいかもしれないが、「対話」によって青年たちが「よく」生きられるはずだと書いている。中島氏の「対話」論は、第2章で紹介したい。

日本人は「対話」を必要としてこなかった

次に、平田オリザ（＊10）『対話のレッスン』（講談社）。

劇作家で演出家の平田氏は、日本語と演劇についての基本的な問題意識として、次のように考えてきたという。

「近代演劇は、『対話』の構造を要求する」
「日本語には、『対話』の概念がない」

「三段論法からいけば、日本に近代演劇は成り立たない」
「では、日本語で近代演劇を成立させるためには、どのような工夫が必要なのか？」

高校生を対象とした演劇ワークショップや演劇の審査などで「現代の高校生の対話力のなさ」を痛感していたという平田氏は、演劇雑誌『せりふの時代』に「対話」について連載することになり、その連載をまとめたのが『対話のレッスン』である。

平田氏は、日本人が他者との対話を苦手としている原因を歴史的な観点から捉える。まず、日本人はきわめて流動性の低い社会に暮らしていたために、「『言葉における他者の不在』に関してだけは、やはり日本語は、世界的に見ても特異な部分があるといわざるを得ないだろう」と指摘する。

10世紀ごろから19世紀の開国までの約千年の間、「日本と日本人は、他国に征服されることなく、また他国を征服することもなく、独自の発展を遂げ」、その間、「他国の言語、文化の影響をほとんど受けてこなかった」。しかも、「安土桃山時代以降の約三〇〇年は、極端に人口流動性の低い社会が、日本全土に形成された」。世界から孤絶し、国内でも各地域が孤立していた社会では、人は生まれてから死ぬまで他者にはほとんど出会わない。したがって、「対話」は必要とされなかった。

「狭い閉じた社会では、村の中で、知り合い同士が、いかにうまく生活していくかだけを考えればいいのであって、そこから生まれる言語は、同化を促進する『会話』のためのものが発達し、差異を許容する『対話』が発達してこなかったのは当然だろう」と書いている。「日本人同士なら、『なんとなく分かる』という日本語の合意形成能力は、日本人が集団や組織で活動するときには、大きな力を発揮してきた」とも指摘している。

さらに、明治以降、地域的にも社会制度のうえでも流動性を持った社会を形成し始めた近代日本は、「対話」のための日本語を生み出してこなかった。その理由は明白で、「近代日本の建設には、『対話』は必要とされなかったからだ。『対話』とは、異なる価値観をすり合わせていく過程で生じるコミュニケーションの形態、あるいは技術である」。

明治以降、富国強兵、戦後復興、高度成長という大目標に向かって邁進してきた日本国民にとって、「大目標から外れる価値観は、抹殺、弾圧、あるいは無視され、ついに『対話』を生み出す機会は得られなかった」というのである。

インターネットやSNSがもたらす対話不全

さて、インターネットを使ったSNSで誰もが情報を発信できる時代になった。インターネットやSNSは便利なコミュニケーションのツールだ。しかし、そのSNSが対話不全をもたらしているという深刻な現状がある。SNSの最大の問題は、人と人が直接向かい合って話をしていないことにある。SNSでは、多少歪曲した形でコミュニケーションが行われていると言ってもいいかもしれない。

面と向かっている相手とは「会話」モードで話をする人が、SNSやメールでやり取りをするときには、対立することがらをストレートにぶつけあう。相手のことはほとんどまったく考えないので、当然のことながら、非難の応酬になる。匿名性を使った場合はよりいっそう激しい言葉のやり取りになる。ネット上で揉め事が起きたり、メールで罵倒し合ったりする。最悪の場合には、それが現実の場面でも起こる。実際の揉め事や犯罪行為にまで発展してしまう。

コミュニケーションでは、人が発する言葉だけではなく、ジェスチャー、ニュアンスなど、文字だけでは伝えることができない要素が重要になる。しかし、インターネットやSNSではこのような要素が欠けている。だからSNSでは「対話不全」が当たり前のように起きる。

もうひとつ付け加えると、インターネットではフェイクニュースが蔓延する。私たちの周りには歪んだニュースが溢れている。意図的にフェイクニュースを流している集団もあり、国家が意図的にフェイクニュースを流しているケースもある。特定の方向に誘導するために流されるフェイクニュースが蔓延して、多くの人はそれに踊らされている。

グローバル化の中の対話不全

時代は大きく変わった。グローバリズムの時代が到来し、世界との関係も大きく変わった。もはや「会話」だけでは済まされない時代に突入している。安倍前首相も、折に触れて、海外のトップとの「対話」の必要性を力説していた。今、世界では「対話」が必要とされており、私たちは、「対話」を理解する必要性に迫られている。

しかし、逆説的だが、グローバリズムが深化する一方で、現在、世界は「対話不全」に陥っている。アメリカ、ロシア、中国など世界の大国の首脳たちが、力と駆け引きによる外交を強行しているからである。中国は「国家資本主義」を標榜して、西欧流資本主義と対立している。「制度対制度」の戦いであり、米中貿易摩擦が激化している。さらに、今回の新型コロナ問題が契機となって、アメリカと中国との関係は悪化の度合いを深めているように見える。

アメリカと中国のあいだで今行われているのは「対話」ではなく「駆け引き」である。『大辞林』によれば、「駆け引き」とは、「相手の出方や状況に応じて、自分に有利なように事を運ぶこと」である。米中間関係が悪化の一途をたどれば、世界の緊張はいっそう高まる。世界の安全と平和のために、アメリカと中国には「対話」が求められている。繰り返しになるが、対話とは、対立を恐れることなく、意見交換をしながら、相互理解の中で問題や課題を解決していくための話し合いのことである。

＊8【ダニエル・カーネマン】アメリカ合衆国の心理学者、行動経済学者。1934年イスラエル生まれ。ブリティッシュコロンビア大学、カリフォルニア大学バークレー校、プリンストン大学の教授を歴任。2007年 プリンストン大学名誉教授。不確実性下における意思決定モデルのひとつプロスペクト理論やピーク・エンドの法則（あらゆる経験の快苦の記憶は、ほぼ完全にピーク時と終了時の快苦の度合いで決まるという法則）で有名。

＊9【中島義道（なかじま よしみち）】電気通信大学元教授。1946年福岡県生まれ。77年東京大学大学院人文科学研究科哲学専攻修士課程修了。83年ウィーン大学基礎総合学部哲学科修了、哲学博士。専門は時間論、自我論。

＊10【平田オリザ（ひらた オリザ）】劇作家・演出家。1962年東京生まれ。国際基督教大学教養学部卒業。大学在学中に劇団「青年団」を旗揚げし、以来、一貫した演劇方法論によって、持続的な活動を続けてきた。戯曲の代表作に『東京ノート』『ソウル市民』三部作など。

第2章

対話力を高める

1 「対話」とは何だろうか

高まる「対話」への関心

デヴィッド・ボーム（＊1）『ダイアローグ』の原著が出版されたのは1996年のことである。米国の物理学者デヴィッド・ボームは哲学や神経心理学の分野でも大きな業績を上げた人物で、『ダイアローグ』はコミュニケーション論の名著と言われている。「対立から共生へ、議論から対話へ」という副題がつけられた邦訳書は2007年に出版されている（＊2）。『ダイアローグ』は、ボームが1977年から1992年の間に行った講演会や小規模のグループ・ミーティングでの発言を編者のリー・ニコルがまとめたものである。

リー・ニコルは、「対話という行為は文明そのものと同じくらい古いが、『対話』という言葉をめぐって、さまざまな演習やテクニック、定義づけといった活動が盛んにみられるようになったのは最近である」と書いている。

「対話」に関する何冊かの本の発行年を見ると、中島義道『〈対話〉のない社会』（PHP研究所）は1997年、平田オリザ『対話のレッスン』（小学館）は2001年（文庫版は講談社・2015年）にそれぞれ刊行されている。2013年（邦訳書2015年）に刊行されたケネス・ガーゲン（＊3）／ロネ・ヒエストゥッド（＊4）『ダイアローグ・マネジメント』では、「『対話』への関心は、ここ数年、飛躍的に高まり、学術論文、専門書、カンファレンスやワークショップなどで急速に取り上げられるようになった」と指摘している。

冷戦の象徴だったベルリンの壁が1989年に崩壊して以降、世界は大きく様変わりした。ICT（情報通信技術）の急進展によって、国境を越えたカネの流れが加速した。世界は急速に変わり続け、社会や企業は猛烈なスピードで変遷する荒波に翻弄されている。そういう中で、組織において、情報を広めたり解釈したりするための最も重要な手段としての「対話」に注目が集まるようになったのである。（＊5）

きわめて少ない事例からひとつの傾向を導き出すことは好ましいことではないかもしれない。しかし、あえて危険を承知で言うと、IT化やグローバル化が急速に進展し、社会や組織が大きく変わり続ける中で、アメリカでは1980年ころから「対話」についての関心が高まり、日本でもそれを追うように「対話」が注目されるようになり、現在も「対話ブーム」らしきものが続いているとみていいだろう。

「対話」とは何か

では、「対話」とは何か。

本書では、「対話」を次のように定義している。すなわち、「対話」とは、対立を前提として、自分と相手の意見の相違を確認しながら、その相違を乗り越えるために、共同して問題解決に取り組むための話し合いである。

しかし、現時点では「対話」についての確定された定義はなく、使う人によってさまざまな意味づけをされている。

例えば、哲学者の中島義道氏は、対話とは単なるおしゃべりでもなく、討論（ディベイティング）とも違う「きわめて特殊な言語行為である」と指摘する。そして、「対話」とは「各個人が自分固有の実感・体験・信条・価値観にもとづいて何事かを語ること」であるとして、これを「哲学的対話」として提唱し、〈対話〉という書き方で表している。

劇作家の平田オリザ氏は、著書『対話のレッスン』（講談社）の中で、「意識」という視点から「話し言葉」を9つに分類し、「対話」をその中央に位置付けている。

意識の低い順から紹介すると、「独り言」「反応・叫び」「会話」「（挨拶）」「対話」「教授・指導」「説得・対論」「談話」「演説」である。平田氏は、9つに分類した「話し言葉」について、発話者、相手、聞く意思、場所などの観点から表にまとめている。

例えば、最も意識の高い「演説」は、政治家が、不特定多数を相手に、聞く意思を持たない他人に向けて、広場で話す言葉であり、「熱狂」という結果を得る。

また、「説得・対論」は、弁護士が、知人である特定少数に対して会議室で行う話し言葉で、聞く人は悪意を持って接するが、結果として「納得」を得る。さらに、「会話」とは、家族が、聞く意思があるかどうかはわからないごく親しい知人に対して、居間で行う話し言葉で、結果として「親和」を獲得する。

それに対して、「対話」の話し手は「不定」であり、誰でも話し手になることができる。この誰でもなれる話し手が、ある程度聞く意思のある不特定少数の他人を相手に、ロビーなどで行う「話し言葉」が「対話」である。会話が「あのさー」、「説得・対論」が「私の考えは」で始まるのに対して、「対話」は、「私は」で始まるという指摘は興味深い。

平田氏は、「対話」を、「お互いのことをあまりよく知らない者同士が、『知らない』

ということを前提として行う意識的なコミュニケーション」と説明している。

『ダイアローグ』の編者のリー・ニコルは「対話とは……人間的な経験という、並外れて広い範囲を探るプロセス」と述べている。一方、デヴィッド・ボームは、「『対話』とはふたりの人間が協力して新たなものをつくる作業であり、『対話』によって、グループ全体に一種の意味の流れが生じ、そこから何か新たな理解が現れてくる」と述べている。

もっと漠然とした捉え方もある。ケネス・ガーゲン／ロネ・ヒエストゥッド『ダイアローグ・マネジメント』は、次のように指摘する。

多くの書物では「対話」の概念を、「相互理解」とか「新しいアイデアの創造」とか「先入観からの解放」などを強調し、理想主義的に捉えているが、そのすべてを同時に達成することは難しい。そこで、もっと広義に定義すべきであるとして、共同作業としての「対話」を、「あらゆる形のコミュニケーションのやりとり」あるいは、言葉によらないものも含めて「あらゆる種類の会話」と定義している。

哲学的対話論と実践的対話論

以上で紹介したように、「対話」についてはさまざまな人がさまざまな定義を与えている。それぞれの定義については、なるほどと納得できる点も少なくないが、力点の置き方や解釈は異なっている。

そこで以下では、「対話」を「目的」と「手段」という視点でふたつに分類して検討することにしたい。

ひとつは、「対話」そのものを目的とするものである。「対話」をすることによって、どのような問題があるのかを知るとともに、自分と相手の意識を理解することができるようになると考える。したがって、何について「対話」するかよりも、どのように「対話」するかが重視される。これを「哲学的対話論」と呼ぶ。

もうひとつは「対話」という手段を使ってある目的を達成しようとするものである。身近な問題であったり、人間関係であったり、企業の戦略であったり、さまざまな問題を解決する手段として「対話」を考える。「対話」によって人や組織や社会がより豊かになり、これまでは解決不能と思われていた問題が解決できるようになるかもしれないと考える。これを「実践的対話論」と呼ぶ。

このふたつの考え方の違いは、例えば「対話集会」という言葉を使って説明するとわかりやすい。近年ブームになっていると言われる「哲学カフェ」は「対話」をすることを目的とする「集会」である。一方、「環境保護のための対話集会」と言えば、「環境保護」という目的のために「対話」という手段を用いて行われる「集会」である。

＊1【デヴィッド・ボーム（1917年〜1992年）】アメリカ合衆国の物理学者。ペンシルベニア州立大学卒業。カリフォルニア大学バークレー校でオッペンハイマーの下で理論物理学を学び、博士号を取得。量子力学の世界的権威。

＊2 デヴィッド・ボーム『ダイアローグ――対立から共生へ、議論から対話へ』英治出版（2007年）。

＊3【ケネス・J・ガーゲン】アメリカの社会心理学者。1935年生まれ。ペンシルバニア州スワースモア大学の名誉教授。社会構成主義の第一人者として数多くの著作を発表。

＊4【ロネ・ヒエストゥッド】デンマーク生まれ。演技ならびに作劇法を学ぶ。その後、リーダーシップと組織開発の専門家となる。現在、デンマークのオールボー大学学習・哲学研究所の講師兼Ph.D.フェロー。

＊5 ケネス・ガーゲン／ロネ・ヒエストゥッド他『ダイアローグ・マネジメント　対話が生み出す強い組織』ディスカヴァー・トゥエンティワン（2015年）。

2　哲学的対話論

(1)「哲学対話」

「考える」ことにより「自由」になる

哲学者の梶谷真司《かじたにしんじ》・東京大学教授（＊6）によれば、「哲学」とは「考えること」である。しかし、「考えること」は日常生活の中ではほとんどできないと言っていいほど難しい。しかも、家庭でも、学校でも、社会でも、「考える方法」を誰も教えてくれない。人は「考えること」によって、自分を縛りつけているさまざまな制約から自らを解き放って「自由」になることができる。そして、ひとりで「自由」になるのではなく、他の人といっしょに考えることによって「自由」になる方法――つまり、他者とともに「問い、考え、語り、聞く」こと――、それが「哲学対話」である。

「哲学対話」は、アメリカの子どもたちの思考力を養うための教育プログラム「子どものための哲学」に由来する。

1960年代終わりころ、ベトナム戦争への反戦機運が高まっていたアメリカで、哲学者のマシュー・リップマン（*7）が、子どもとファシリテーター（進行役）とが「対話」を通して「答えのない哲学的な問い」について探究を深めていく試みを始めた。「子どものための哲学」（Philosophy for Children：P4C）と呼ばれる教育方法で、現在では日本を含む多くの国で実施されている。梶谷教授は、2012年夏にハワイで、高校と小学校でP4Cの実践に参加して、「子どもたちが真剣に考えながらも、うれしそうに笑っている様子を見て、何とも晴れやかな衝撃を受けた」という。（*8）

「哲学対話」のルール

「哲学対話」を行うことによって、「主体性」「自発性」「好奇心」「他者への共感」「相互の承認」を体験できるとともに、「責任」を実感できる。人は、自ら考えて決めたことにしか責任を取ることはできない。また、自分の人生には自分しか責任はとれない。しかし、当然のことながら、学校や会社ですべてのことを自分で決めることはできず、そうする必要もない。ただ、「自ら選び、自ら決められる余地がなければならない。そのためには、（他者とともに）自由に考えられる場、何でも話してもいい場が、つねにでなくても、どこかで必要なのである。」それが「哲学対話」の場だと梶谷教授は指摘する。

何に重点を置くか、何のために対話をするのかで哲学対話のルールや進行の仕方も違ってくるが、梶谷教授は、一般論としては次の8つのルールがあると指摘する。

〈「哲学対話」の8つのルール〉

・何を言ってもいい
・人の言うことに対して否定的な態度をとらない
・発言せず、ただ聞いているだけでもいい
・お互いに問いかけるようにする
・知識ではなく、自分の経験にそくして話す
・話がまとまらなくてもいい
・意見が変わってもいい
・分からなくなってもいい

この8つのルールはばらばらにあるのではない。いわば有機的に結びついていて、全体として対話を「哲学的な探求（問い、考え、語る）」に変える。梶谷教授によれば、その概略は次のようなことである。

人は「何を言ってもいい」という約束があれば自由にものを考えることができる。みんなで自由に考えるためには「否定的な態度をとらない」ほうがよい。また、「聞いているだけでもいい」という自由があれば、話したいことを話す自由も生まれてくる。そして、「お互いに問いかけるようにする」ことこそが対話を哲学的にする。「哲学対話の自由は、相手に否定的なことは言わない、黙っていてもいいといったルールによって可能」になるのである。

さらに、参加者が対等に話し合いができるようにするために、「知識ではなく、自分の経験にそくして話す」という制約を設ける。とかく「知識」は強者になるための手段として使われることが多いからである。そして、時間がないからといって、お手軽な、安直な、いかにもそれっぽい結論で思考を止めるよりも、「話はまとまらない」ほうがいい。また、「哲学対話」は、みんなで一緒に考えているだけなので「意見が変わってもいい」し、「分からなくなってもいい」。そのことによって問いが増え、対話はより哲学的になる。

「哲学対話」の場づくりとコミュニティボール

梶谷教授は、「哲学対話」を行ううえでの「場づくり」を重視する。場づくりがうまくできれば、対話は8割がたうまくいったも同然だとしている。会場の選び方、参加費、設営の仕方、参加者のグループ分け、質問ゲーム、自己紹介、問い出しと問い決め、コミュニティボールの意義と使い方など、場づくりに必要な要素を詳細に説明している。

哲学対話の適正人数は一組10～15人程度で、多くても20人くらいまで。その場の緊張をほぐすための手法として効果的な質問ゲームでは、10～15人をさらに一組4～5人のグループに分ける。椅子はきれいな輪の形に置いて、できるだけ詰めて座る。椅子と椅子の間の隙間が広いと、対話の密度、集中度が下がりやすいので、「椅子どうしが接するくらいがいい」という。

閉じられた空間でのこのような座り方は、いわば「三密」（密閉・密集・密接）状態である。昨今の状況の変化に対して、梶谷教授はブログで次のように書いている。

「コロナの影響で人が集まることがほとんど不可能になり、哲学対話イベントも軒並み中止に。その後、オンラインでの対話が自然発生的に生じてきた。……私としても、……オンラインだからできる対話とは、どのようなものでありうるのか、いろいろと試してみたくなった。そういう実験的な試みの場として、こまば哲学カフェを復活させようと思い立った」（*9）

オンラインでの「哲学対話」は、「場づくり」という点で新しい試みである。

コミュニティボールの使い方

ここでもうひとつ紹介しておきたいことがある。

「哲学対話」では、「コミュニティボール」を使うことがある。「コミュニティボール」とは毛糸でつくったボールで、それを受け渡ししながら話をする。ハワイの高校で使われていたことに倣ったと梶谷教授は書いている。

ハワイの高校では学期の初めにみんなでコミュニティボールをつくる。それは、仲間として最初に行う共同作業であり、できあがったボールは連帯感＝コミュニティを象徴している。

「コミュニティボール」は次のように使われる。

〈コミュニティボールの使い方〉

・ボールを持っている人だけが話す
・発言したい人は挙手して、ボールを受け取ってから話す
・人が話している間に手を挙げてもいい
・他の人が手を挙げても、ボールを持っている人は最後まで話せばいい
・話し終わったら、手を挙げている人の中から選んでボールを渡す
・一部の人だけでボールが回らないように心がける

ボールがあれば誰が話し手かが明確になり、ボールを持っていない人は勝手にしゃべることはできない。ボールを持つことによって、誰にも邪魔されずにゆっくりと落ち着いて話すことができるようになる。コミュニティボールは、48頁で紹介した「トーキングスティック」と同じ役割を持っている。

(2) ボームの対話論

ダイアローグとディスカッションの違い

「対話」とは何か。

量子力学者として知られるデヴィッド・ボームは、言葉の意味をより深く理解するためには、その言葉の語源を知ることが役に立つと指摘する。

「対話」は英語ではダイアローグ(dialogue)である。ボームによれば、ギリシャ語の「dialogos(ダイアログス)」から生まれた言葉で、「dia」は「〜を通して」、「logos」は「言葉の意味」である。つまり、「ダイアローグ(対話)」とは、「人々の間を通って流れている言葉の意味の流れ」ということになる。対話することによって、グループ全体に新しい「意味」の流れが生じる。そして、そこから新たな理解が現れてくる可能性が生まれる。新しい「意味」の流れは社会がひとつに接合するセメントのような役目を果たす、とボームは言っている。

「対話」について考える際に、日本では、「会話」と「対話」の違いを指摘する場合が多い。しかし、ボームは「対話」と「議論」(ディスカッション)の違いを強調する。「打楽器」（percussion）や「脳震盪《のうしんとう》」（concussion）と同じ語源を持つ「ディスカッション」（discussion）には、「物を壊す」という意味がある。「ディスカッション」とは、分析を重視し、それぞれの話し手がピンポン玉のように自分の考えを打ち合っているようなものである。この考え方に従えば、国連や国際会議などで「対話」と称して人々が行っているのは、「対話」ではなく「ディスカッション」あるいは取引と呼ぶべきかもしれない。

「対話」の目的

ボームは「対話」の目的を次のように定義している。

「対話の目的は、物事の分析ではなく、議論に勝つことでも意見を交換することでもない。……さまざまな人の意見に耳を傾け、それを掲げ、どんな意味なのかよく見ることだ。自分たちの意見の意味がすべてわかれば、完全な同意には達しなくても、共通の内容を分かち合うようになる。……そして、あらゆる意見を理解できれば、別の方向へもっと創造的に動けるかもしれない。」

ボームは、政府やビジネスに携わる人々、あるいは国際的な枠組みの中で働く人々が、対話の目的と合致するような行動をとるようになることに期待を寄せている。具体的には、自分やグループの中で何が起きているかを鋭敏に感じ取り、「対話」にどう参加し、あるいは参加すべきでないかを知ることである。そして、あらゆる微妙な手がかりや雰囲気を読み取り、そうしたものへの自分の反応を自ら観察することができるようになるということである。政府関係者やビジネスマンがそうしたことができるようになれば、社会の働きも変わる、とボームは指摘する。

「必要性」から生まれる衝動

ボームは対話を進めるうえで重要なこととして、「想定」と「意見」を保留状態にすることを提唱している。

人は誰もが異なった「想定」と「意見」を持っている。「想定」は「思い込み」と言ったほうがわかりやすいかもしれない。「想定」も「意見」も、その人が生きてきた社会や家庭環境をもとに形成された「思考」の結果として生まれる。

とかく人は「思考」から生まれた「想定」と「意見」に重要な価値があると考えている。そして、相手にもその価値を共有することを強制し、自らの「意見」を必死に守ろうとする。その結果として、「意見」の衝突が起きる。その意味で、人が守ろうとしている「意見」には多大な暴力性が秘められているとボームは指摘する。

また、人は「必要性」という重要な「思考」を持っている。必要なもの（こと）はほかのもの（こと）には代えられない。代替がきかないから「必要」とされる。だから、必要なもの（こと）については誰も譲歩しない。

したがって、「必要性」という「思考」を守ろうとして、人に強烈な衝動が生まれる。「必要性」が満たされない限り衝動は消えない。個人や集団が「必要性」を主張し合えば、そこには対立が生まれる。

「想定」と「意見」を保留状態にする

また、人は、自分の「意見」と自分自身とを同一視する傾向がある。本来、自分自身と自分の「意見」とは違うと考えたほうがいい。しかし、自分の意見と自分自身を同一視して、それを正当化しようとする。誰しも経験していることかもしれないが、相手から自分の「意見」に異議を唱えられると、あたかも自分自身が攻撃されたかのように感じてしまう。その結果、意見の対立が起き、対立はエスカレートし、議論の継続は絶望的になる。

では、どうすればよいか。ボームは、「想定を保留状態」に置くことを勧める。「想定」を信じることも信じないこともしない。良し悪しの判断もしない。仮に、「意見」を批判されて相手に腹を立てたとしても、その気持ちをあらわにせず、保留状態にする。

自分と相手の「想定」とそれに対するそれぞれの反応（例えば、「衝動」）を、それぞれが掲げて、ひたすら観察する。一人ひとりが何を考えているかについて、いかなる結論も導き出さない。判断も下さない。自分たちの「衝動」や「想定」をすべて目の前に掲げ、誰もがともに怒り、その状態を一緒に考えることができるようになれば、人々は「共通意識」を持つようになるだろう、とボームは書いている。

「対話」の原則

ボームは、「対話」を行うにあたってのルールを明確にしているわけではない。しかし、「使えば役に立つかもしれないある種の原則」を覚えるといいかもしれないとして、いくつかのポイントを指摘している。

〈ボームの「対話」の原則〉

・人数は20〜40人程度で行う
・参加者は輪になって座る
・リーダーは置かない
・進行役は初めのうちは置いてもいいが、不要になることが望ましい
・変化を生み出せるまで（1〜2年）続くグループをつくる
・人々が仲間の中でダイレクトに、一対一で話す
・人を非難したり批判したりしない
・いかなる課題も設定せず、決定せず、蓄積しようとしない
・人を納得させたり説得したりしない
・話す機会を誰にでも与える

(3)〈対話〉とは全裸の格闘技である

日本には〈対話〉がない

哲学者の中島義道氏は、著書『〈対話〉のない社会』（PHP研究所）の中で、映画『男はつらいよ』に登場する「会話」、川端康成や夏目漱石、樋口一葉の小説に登場する会話などを紹介・分析した後に、〈対話〉のない日本を手厳しく批判している。

例えば、『寅さん』シリーズに登場する会話は、怒鳴ることによって成立する一種の人間的触れ合いという「言語行為」である。重要なのは言葉で表現された「内容」ではなく、「どんな気持ちで語ったか」、「どんな気持ちで語らなかったか」であり、みんなが「どんなに寅さんのことを心配しているか」である。そして、日本人は〈対話〉ではなく、こうした「会話」を求めており、こうした「会話」を操る作法が日本人の美意識の基本にかなっているのだろうと指摘している。

また、川端康成の名作『雪国』の中で島村と駒子との間に交わされる情緒的会話が日本的会話のひとつの典型だろうが、互いに緻密な論理を積み重ねて真理を求めようとする〈対話〉ではないとも書いている。夏目漱石や樋口一葉の作品についても同じように紹介したあと、中島氏は〈対話〉が成立していないことを強調し、次のように指摘する。

「わが同胞はじつにマメに言葉を使うものだと改めて感心する。日本人は、けっして一般的に言葉を圧殺する文化をつくり上げたわけではない…（が）…なぜかこの国では〈対話〉のみがスッポリ抜け落ちている。この国には、〈対話〉は匂いすらしない。片鱗さえ見えないのである」

「言葉」という武器で戦う

それでは、〈対話〉とは何だろうか。中島氏は〈対話〉を次のように表現している。

「真理を求めるという共通了解をもった個人と個人とが、対等の立場でただ『言葉』という武器だけを用いて戦うこと」であり、「身分・地位・知識・年齢等々ありとあらゆる『服』を脱ぎ捨てて、全裸になって『言葉』という武器だけを手中にして戦うこと、それが正真正銘の〈対話〉である」

さらに、中島氏は〈対話〉を行う際に必要な12の基本原則を掲げている。その概要は次のとおりである。

〈対話の12の基本原則〉

- 一対一の関係であること
- 人間関係が完全に対等であること
- 相手をただの個人として見ること
- 語る言葉そのものを問題にすること
- 自分の人生の実感や体験を引きずって語り、聞き、判断すること
- いかなる相手の質問も疑問も禁じないこと
- いかなる相手の質問に対しても答えようと努力すること
- 相手との対立を積極的に見つけようとすること
- 相手との些細な「違い」を大切にし、それを「発展」させること
- 社会通念や常識に納まることを避け、新しい了解へと向かってゆくこと
- 自分や相手の意見が途中で変わる可能性に対して、常に開かれてあること

・それぞれの対話は独立であり、先入観を棄てること

＊6 【梶谷真司（かじたに　しんじ）】東京大学大学院総合文化研究科教授。1966年、名古屋市生まれ。89年、京都大学文学部哲学科宗教学卒業。94年、京都大学大学院人間・環境学研究科修士課程修了。97年、京都大学大学院人間・環境学研究科博士後期課程修了。京都大学博士（人間・環境学）。

＊7 【マシュー・リップマン（1923年～2010年）】コロンビア大学で博士号を取得後、コロンビア大学とモンクレア州立大学で、子どもたちの思考力や対話力を育成する「子どものための哲学」と呼ばれる哲学対話授業を推進する。初等中等教育向けの教材や教員用の指導書、理論書を数多く執筆。

＊8 梶谷真司『考えるとはどういうことか　0歳から100歳までの哲学入門』幻冬舎（2018年）。

＊9 2020年5月11日付のブログから（https://utcp.c.u-tokyo.ac.jp/blog/2020/05/post-951/）

3 実践的対話論

(1) 「オープンダイアローグ」と「パターン・ランゲージ」

対話力を高めるためのふたつの方法の組み合わせ

本書では、ある目的のために「対話」を使うという考え方を「実践的対話論」と名付けた。そこで、はじめに、井庭崇《いばたかし》(*10)・長井雅史《ながいまさふみ》(*11)著『対話のことば』(丸善出版)(*12)を紹介したい。

井庭教授と長井氏によれば、『対話のことば』は、「対話とは何かを理解し、その力をより多くの人が活かしていけるよう、対話という行為を紐解き、その心得をまとめた」ものである。また、「対話」とは、「多様な人が交わることで起きる問題を解消する方法のひとつ」であり、社会が新しい状況に変化しつつある現在、ともに理解し合い、力を合わせていくことの重要性はますます高まっていて、さまざまな問題に対峙していくために、「対話」の力を高めて、効果的に活用していくことが、今求められていると指摘する。

井庭教授と長井氏は、「オープンダイアローグ」と「パターン・ランゲージ」というふたつの方法を組み合わせることによって、対話の本質を理解し、対話力を高めることができるという。

「オープンダイアローグ」（開かれた対話）とは、精神疾患に対する対話による治療方法で、1980年代に開発された。フィンランドの精神医学者が中心になって数多くの実践が行われ、さまざまな試行錯誤を経て確立され、現在では、うつ病、統合失調症、PTSD（心的外傷後ストレス障害）などの治療に使われている。

また、「パターン・ランゲージ」とは、専門家の持つ「実践知」（実践の現場で適切な判断を下すことができる認識と能力）をほかの人にも共有するための方法である。「パターン」とは繰り返し現れる関係性のことであり、それを「ランゲージ」（言語）として共有する。1970年代にアメリカの建築家クリストファー・アレグザンダー（*13）がまちづくりのための方法として提唱し、井庭教授がこれを人間行為に応用したと言われている。

井庭教授によれば、高度な実践知を人々が扱いやすい小さな単位にして切り出すことと、適度に高い抽象度で実践知を記述することによって、個々人の文脈に当てはめて実践を促すことができるという。

体験している世界・多様な声・新たな理解

では、「対話」の本質とは何か。井庭教授と長井氏によれば、「対話」の最も大切な本質は、次の3つである。

「《体験している世界》を内側から感じる」
「《多様な声》が生じる場にする」
「《新たな理解》を一緒に生み出す」

人はそれまで生きてきた中で培われた自分なりの方法や考え方をもとに、物事を捉え、世界を認識している。同じ出来事でも人によって捉え方はまったく同じというわけではない。同じ物事でもそれぞれ異なる意味で捉えている。つまり、人によって《体験している世界》は異なる。したがって、その人がどのように物事を捉え、どのような世界に生きているかを、対話を通じて《内側から感じる》ことが重要になってくる。

井庭教授と長井氏は、《内側から感じる》ための方法として9つの「対話の《ことば》」をあげている。

まず、《①ひとりの人として》その場に参加し、語られる話を《②じっくりと聴く》ことを大切にし、相手が使った言葉をしっかりと受け止めて《③そのままの言葉》で対応する。

対話においては、《④開かれた質問》を心がけ、相手が自分なりに考えて《⑤言葉にする時間》をとり、相手の《⑥語りへの対応》を誠実に行う。相手が体験している世界を理解するためには、世界を《⑦内側から捉える》必要がある。

時に激しい感情が湧き出ることもあるかもしれないが、それは、「それまで表現できなかったところ」へ降りていくための《⑧感情の経路》であり、苦悩やつらい経験を生き抜いてきた《⑨これまでへの敬意》を示しながら、言葉にすることができるようにそっと寄り添っていく。そうすることによって、本人が《体験している世界》への理解が深まっていく。

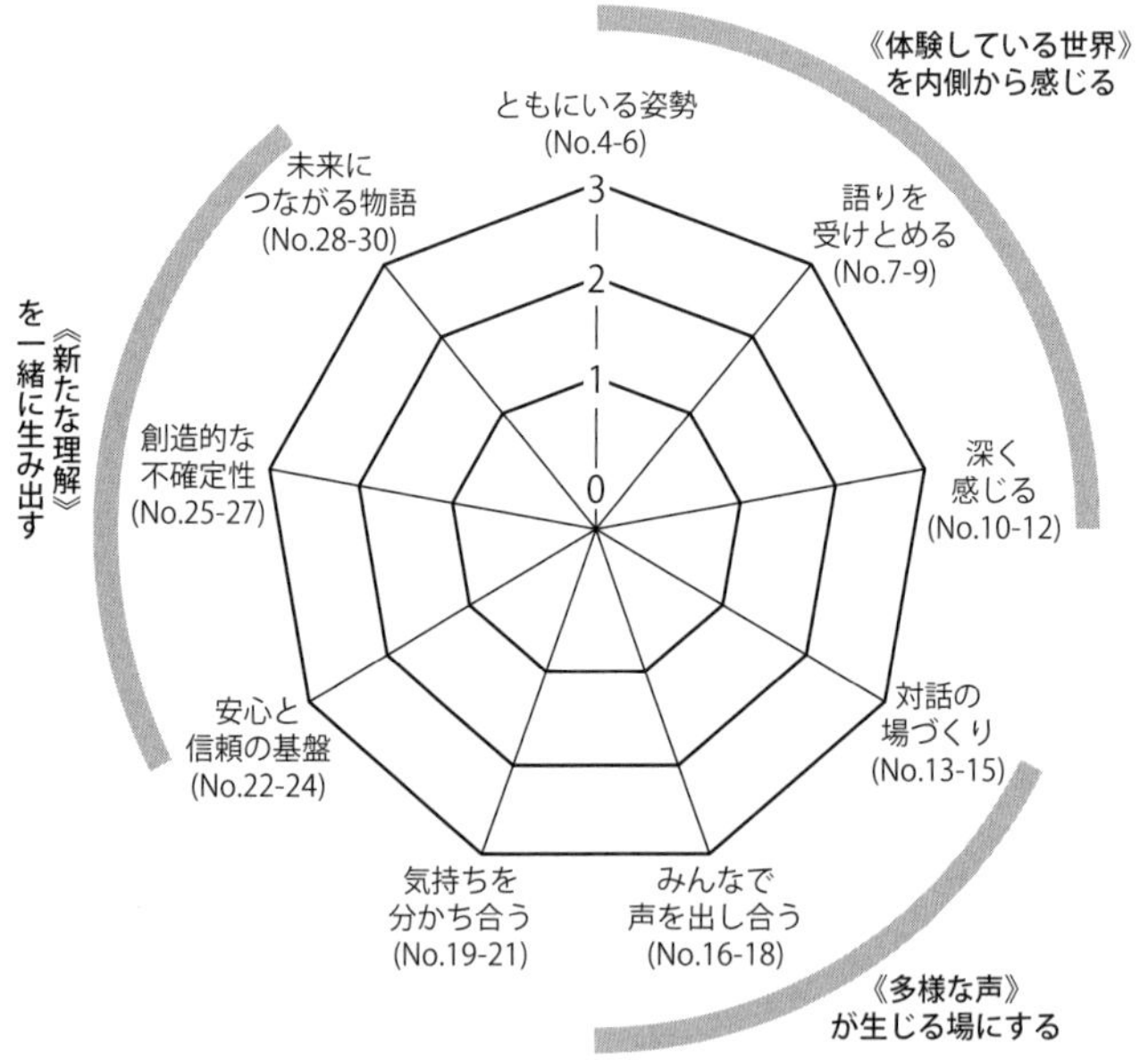

図２　経験チャート　井庭崇・長井雅史『対話のことば』丸善出版（2018）の図（89頁）より引用。

次に、オープンダイアローグを「《多様な声》が生じる場」にすることによって、人は《体験している世界》の袋小路から抜け出ることができるようになる。そのための《ことば》として、《関係する人》《対話の支援チーム》《輪になる》《全員の発言》《ゆったりとしたペース》など9つの《ことば》が紹介されている。さらに、「《新たな理解》を一緒に生み出す」ための《ことば》として、《発生時の立ち上げ》《連続的な実施》《一貫した関わり》など9つの言葉が紹介されている。

以上のように、《体験している世界》《多様な声》《新たな理解》という3つの《ことば》のそれぞれに9つずつの《ことば》がついているので、《対話のことば》は合計で30になる。また、それぞれの《ことば》は見開きで紹介され、「対話」の実践に使いやすいように構成されている。さらに、この30項目の対話の《ことば》のチェックシート（図2）をつくって、対話実践の経験チャートを描いて可視化することを勧めている。

(2) 組織の意思決定に「対話」を活かす

21世紀の組織は「水の流れ」

ケネス・ガーゲンとロネ・ヒエストゥッドは、著書『ダイアローグ・マネジメント』で、世界が急速に変わりつつある現在、組織は、どうすれば多種多様な社員を結束させられるか、どのように意思決定すればいいのかという重大な課題に直面しているとして、「対話」の重要性を指摘する。

ガーゲンとヒエストゥッドによれば、組織に求められているのは、多角的な視点から熟考する能力である。開かれていると同時に的が絞られていて、即興性があると同時に組織化されていて、クリエイティブであると同時に保護的でもある「対話」である。

20世紀には、組織は「機械」として捉えられていて、財務や人事、マーケティングなどの「パーツ」(部品)で構成され、それぞれの機能ごとに人事採用などが行われていた。しかし、21世紀の組織は、耐え間なく流れる「水」のようなものであり、複数の声が合流(コンフルエンス)するためには「対話」が欠かせない。具体的に言えば、組織にとっては、情報、アイディア、意見、価値観などが組織外との境界線を越えて自由に行き来することが必要不可欠であり、組織におけるあらゆる領域、あらゆる階層が組織外と開かれた対話ができなければならない。

さらに、組織が機能するために欠かせない基本認識である「論理」と「価値観」も「対話」の中に存在する。「何が本物か」とか「何が道理にかなっているのか」などについての基本的な理解を共有できなければ組織は存在できないからである。「対話」はその基本的な理解を共有するためのツールである。

カーゲンとヒエストゥッドの考え方は、「社会構成主義」に基づいている。「社会構成主義」では、現実を、それ自体として存在しているものではなく、人々の頭の中でつくり上げられるものとして捉える。つまり、私たちが「現実」であると思っていることはすべて「社会的に構成されたもの」であり、社会の人たちがそれに合意して初めて「現実」になる。

個人のリーダーシップから「リレーショナル・リーダーシップ」へ

社会構成主義のキーワードは「リレーショナル・リーダーシップ」（あるいはリレーショナル・リーディング）である。「リレーショナル・リーダーシップ」とは概略次のようなものである。

これまで、卓越したリーダーと言われている人物は、ほとんどが男性で、特別な才能に恵まれ、頭が良く、説得力に恵まれた人だった。リーダーとは、部下たちに影響力を行使する存在であり、組織が成果をあげるよう働きかけて、方向性を示す存在と考えられていた。

また、旧来型のピラミッド型（指揮統制型）組織は、非人間的な関係、限定されたコミュニケーション、信頼の欠如、クリエイティブな参加の欠如という欠陥を持っていることが明らかになり、多くの人はもはや過去のものだと思っている。さらに「リーダーシップ」という言葉そのものが、一般的に個人のリーダーを想定しているが、リーダーが指揮して統制して決定するという考え方も廃れつつある。

「リーダーシップ」はリーダーの所有物ではなく、その組織が持つひとつの側面として理解されるべきである。「対話」に参加する人たちが「リーダーシップ」の役割と行動を自らの間で創造するときに「リレーショナル・リーダーシップ」が生まれる。「リレーショナル・リーディング」という言葉には、「『関係』の中で『未来』へと関わり合いながら効果的に動いていける人々の能力」という意味が込められている。「リレーショナル・

リーディング」の中心に「対話」があり、組織の存亡は「対話」の質にかかっている。

＊10【井庭崇（いば　たかし）】慶應義塾大学総合政策学部教授。博士（政策・メディア）。1974年生まれ。専門は、創造実践学、パターン・ランゲージ、システム理論。マサチューセッツ工科大学（MIT）などの客員研究員等を経て、現職。

＊11【長井雅史（ながい　まさふみ）】慶應義塾大学SFC研究所上席所員。慶應義塾大学政策・メディア研究科修士課程修了。米国CTI認定プロフェッショナル・コーアクティブ・コーチ（CPCC）。コーチングや対話を通じて人や組織の発展に関わる。

＊12　井庭崇・長井雅史『対話のことば　オープンダイアローグに学ぶ問題解消のための対話の心得』丸善出版（2018年）。

＊13【クリストファー・アレグザンダー】建築家。都市計画家。1936年、ウィーン生まれ。ケンブリッジ大学で学んだ後、ハーバード大学大学院で建築学を専攻。1963年から2002年までカリフォルニア大学バークレー校の建築学科教授として勤務。現在は同校名誉教授。

4　「対話」の位置づけ

「対話」とグループダイナミクス（「集団力学」）

前節では、「対話」を「哲学的対話論」（「対話」そのものを目的とする考え方）と「実践的対話論」（目的のために対話を使うという考え方）というふたつに分類して、それぞれを紹介したが、ここで「対話」についての本書の立場を明確にしておきたい。

本書では、「哲学的対話論」に基礎を置きながら、「実践」を重視するという観点から「対話」を捉えている。

もう少し具体的に言うと、まず、「対話」を、「意見や考えが異なる人と、対立を恐れずに行う話し合い」と定義する。それは、「会話」とは違うし、「議論」とも異なる。「会話」とは当たり障りのない話し合いであり、「議論」とは、自説を展開して戦わせる話し合いであり、平行線を辿ることもあれば、どちらかが議論に勝つことで終わることもある。

また、「対話」を、「複数人の中で展開される一対一の話し合い」と考える。「対話」とは、参加している人すべてを前にして、前の人の発言を真摯に受け止めたうえで、自分の意見を主張し、相手の意見との違いを明確にして、その相違をどう克服するかをお互いに考えて、問題解決に向けて行う話し合いである。

さらに、本書では、アジェンダ（議題）のある「会議」の「対話」を主として考える。アジェンダのある会議では、目的に対する「結論」を出すことが求められる。多くの場合、最終的には、リーダーの立場にある人が決断することになるが、「決断」の質を決めるカギになるのは、意思決定プロセスにおいて「対話」が十分に機能したかどうかである。「3人寄れば文殊の知恵」という諺があるが、個人よりも集団で行う意思決定のほうが、より良いものになる可能性は大きい。このような考え方を「グループダイナミクス（「集団力学」）」という。

詳しくは、次章で紹介するが、一般に「グループダイナミクス」という言葉は、「組織や集団における人間の行動や思考が、その組織や集団から影響を受けると同時に、組織や集団に対しても影響を与える」という意味で使われる。本書では、組織内での意思決定において「対話」が機能した場合に「グループダイナミクス」が作用して、創造性の高い選択肢と解決策が用意され、より良い決断がなされると考える。

「対話」を行ううえでの3つの注意事項

繰り返しになるが、「対話」とは、自分の意見を主張し、相手の意見との違いを明確にして、その相違をどう克服するかをお互いに考えて、問題解決に向けて行う話し合いである。以下では、特定の目的を持った「対話」、あるいはアジェンダ（議題）が設定された会議での「対話」を行ううえでの3つの基本的な注意事項をあげておこう。

①二分法の罠

第一は、「二分法の罠」に気をつけること。

「二分法」とは、例えば「善か・悪か」、「真か・偽か」、「白か・黒か」というように、物事を単純にふたつに分けて考える思考法である。「二分法の罠」とは、相手に「二分法」の思考を迫って選択肢を狭めることを言う。「二分法の罠」は、交渉の場で多用される強力な戦術であり、「対話」においても無意識に使いがちになるかもしれない。

一般に、相手に対する問いかけには「閉じられた問いかけ」（クローズドクエスチョン）

と「開かれた問いかけ」（オープンクエスチョン）がある。二分法は「閉じられた問いかけ」である。人は安易に答えを探そうとする性癖を持つ。話し合っていることに対する「答え」を「白か、黒かはっきりさせてほしい」というように迫られると、人は思考停止に陥り、二者択一で答えようとする。しかし、重要な会議であればあるほど、多くの選択肢を検討する必要がある。選択肢を増やすという観点から考えても、二分法的思考から離れることが重要である。

②人と問題の分離

第二は、人と問題を分離すること。

デヴィッド・ボームが指摘するように、とかく人は自分の意見と自分自身を同一視して、自らを正当化しようとする。例えば、「ろくな意見が出ない。みんなだめだね」という言い方をすることがある。これは「意見」と「みんな」、つまり「問題」と「人」を同一視する典型である。そして、そう言われると、その時点で話し合いはストップしてしまう。また、ある人から対立する意見を言われると、その人と対立しているかのように思い、「あいつは俺の意見に反対した」という感情が湧き上がり、「あいつは気に入らない」となってしまう。

「人」と「問題」を分離できずにいると、「意見は言わないほうが得だ」と思うようになり、「対話」は生まれない。しかし、「人」と「問題」を分離することができれば、より良い「対話」が行われるようになる。「交渉学」の創始者として知られるハーバード大学の故ロジャー・フィッシャー教授（＊14）は、交渉における「人と問題の分離」というコンセプトを重視して、対話する相手と問題を分離できるかどうかが、人が感情を乗り越えるための最初のステップだと指摘している。

③「安易な出口探し」は地獄の入り口

第三は、安易に出口を探そうとしないこと。

例えば、「バーター」という言葉がよく使われる。日本語で言うと「物々交換」のことだが、ビジネスでは「交換条件」という意味に使われる。つまり、選択肢を限定してしまい、その選択肢との交換条件を考えるとか、別のもの（こと）と相殺すればいいと考える。これは「安易な出口探し」である。「対話」では、たくさんの選択肢を出すことを優先しなければならない。

また、安易に出口を探そうとして、「対応」ではなく「反応」して問題解決を図ろうとする場合もある。「販売不振」という報告を受けると、即座に反応して、営業担当者にもっと頑張れと残業指令を出す。それは「安易な出口探し」に他ならない。また、不祥事が発生したときに、すぐに反応して再発防止のための社内の教育や研修を強化するという「お決まりの対応策」を取ることも「安易な出口探し」である。もちろん、社内教育や研修は必要である。しかし、重要なことは、不祥事の原因を究明したうえで社内教育や研修を行うことである。さらに言えば、新規事業が不振だったり、社内不祥事が起きたりした時に、すぐに反応して責任者を更迭する。これも「安易な出口探し」であり、「生贄《いけにえ》探し（スケープゴーティング）」とも言う。

因果関係を見誤り、本質的に解決していないにもかかわらず、「安易な出口探し」で解決した気になったりしていると、すぐにしっぺ返しが来て、大変な事態に陥ることになりかねない。後から続々と問題が表面化して、企業は世間から致命的な悪評を受けることになる。実際、品質やデータの偽装問題を安易に解決しようとして窮地に陥った企業は数知れない。マサチューセッツ工科大学（ＭＩＴ）のピーター・センゲ博士（＊15）は、「安易な出口は地獄の入り口」という表現でこのような企業の姿勢を諫めている。（＊16）

＊14【ロジャー・フィッシャー（1922年～2012年）】ハーバード・ロー・スクールの教授。ハーバード大学名誉教授。交渉学プログラム研究所所長。「交渉学」の世界的権威。

＊15【ピーター・M・センゲ】マサチューセッツ工科大学（MIT）経営大学院上級講師。組織学習協会（SoL）の創設者。スタンフォード大学卒、マサチューセッツ工科大（MIT）博士課程修了。自律的で柔軟に変化し続ける「学習する組織」の理論を提唱。20世紀のビジネス戦略に大きな影響を与える。

＊16 ピーター・M・センゲ『最強組織の法則―新時代のチームワークとは何か』徳間書店（1995年）。

第3章

対話力を活かす

1　組織の中での意思決定と「対話」の重要性

組織とは何だろうか

「対話」は組織内の意思決定においてきわめて重要な役割を果たす。「対話」がなければ組織内の意思決定はできないと言ったほうがいいかもしれない。そこで、組織内の意思決定について論じる前に、ここで使ういくつかの重要な用語について、簡単に説明したい。

まず、「組織」とは何だろうか。

アメリカの経営者で経営学者としても有名なチェスター・バーナード（＊1）は、約20年間、電話会社の社長を務め、在任中の1938年に著書『経営者の役割』を刊行し、経済界に大きな影響を与えた。バーナードは、組織を次のように定義している。

「組織」とは「意識的に調整された人間の活動や諸力のシステム」であり、「相互に意思を伝達できる人々」がいて、それらの「人々が貢献しようとする意欲」を持って、「共

通の目的の達成」をめざす、という3つの要素があるときに成立する。(＊2)

ここでいう「システム」とは、それぞれの「部分」が関連して相互に影響を及ぼしあって「全体」の機能を維持していることであり、バーナードは、とりわけ「伝達」(コミュニケーション)の技術を重視している。

いっぽう、1978年にノーベル経済学賞を受賞したハーバート・サイモン(＊3)は、「組織」を、「意思決定とその実行を含めた、人間集団におけるコミュニケーションおよび相互関係を持つ役割のシステム」と定義している。

本書では「組織」を、「共通の目的を達成するために、複数の人で計画的に構成された集合体」と定義する。企業の各部署はそれぞれ「組織」であり、企業全体が「組織」である。中学・高校のサッカー部や野球部、大学のサークルはそれぞれがひとつの組織であり、中学・高校・大学もそれぞれが全体としてひとつの組織を構成している。

組織における意思決定

「意思決定」とは、組織が特定の目標を達成するために、複数の選択肢の中から最善の解を求めるために行う決断である。組織内の意思決定は、組織の中でのコミュニケーションを通じて行われる。

一般に、企業が行う意思決定には「業務的意思決定」と「戦略的意思決定」がある。ピラミッド型組織では、業務的意思決定が次々に上層にあげられて、最終的には組織のトップが企業の戦略的意思決定を行うことになる。

グラフィックファシリテーションという技術がある。対話を「見える化」することによって、場の活性化や相互理解をうながす技術である。その創始者のひとりであるデビッド・シベット（＊4）は、「組織内の権力構造」と「組織における個の役割」というふたつの軸で、意思決定を4つに類型化している。権力が集中していて組織を重視する場合には「トップダウン型意思決定」が行われ、権力が分散していて個の役割が重視される場合には「協働型意思決定」が行われる。また、権力が分散していて組織が重視される場合には「ルール型意思決定」、権力が集中しているにもかかわらず個の役割が重視される場合には「割切り型意思決定」がそれぞれ行われる。（図3）

リーダーとリーダーシップ

次に、「リーダー」とは何だろうか。

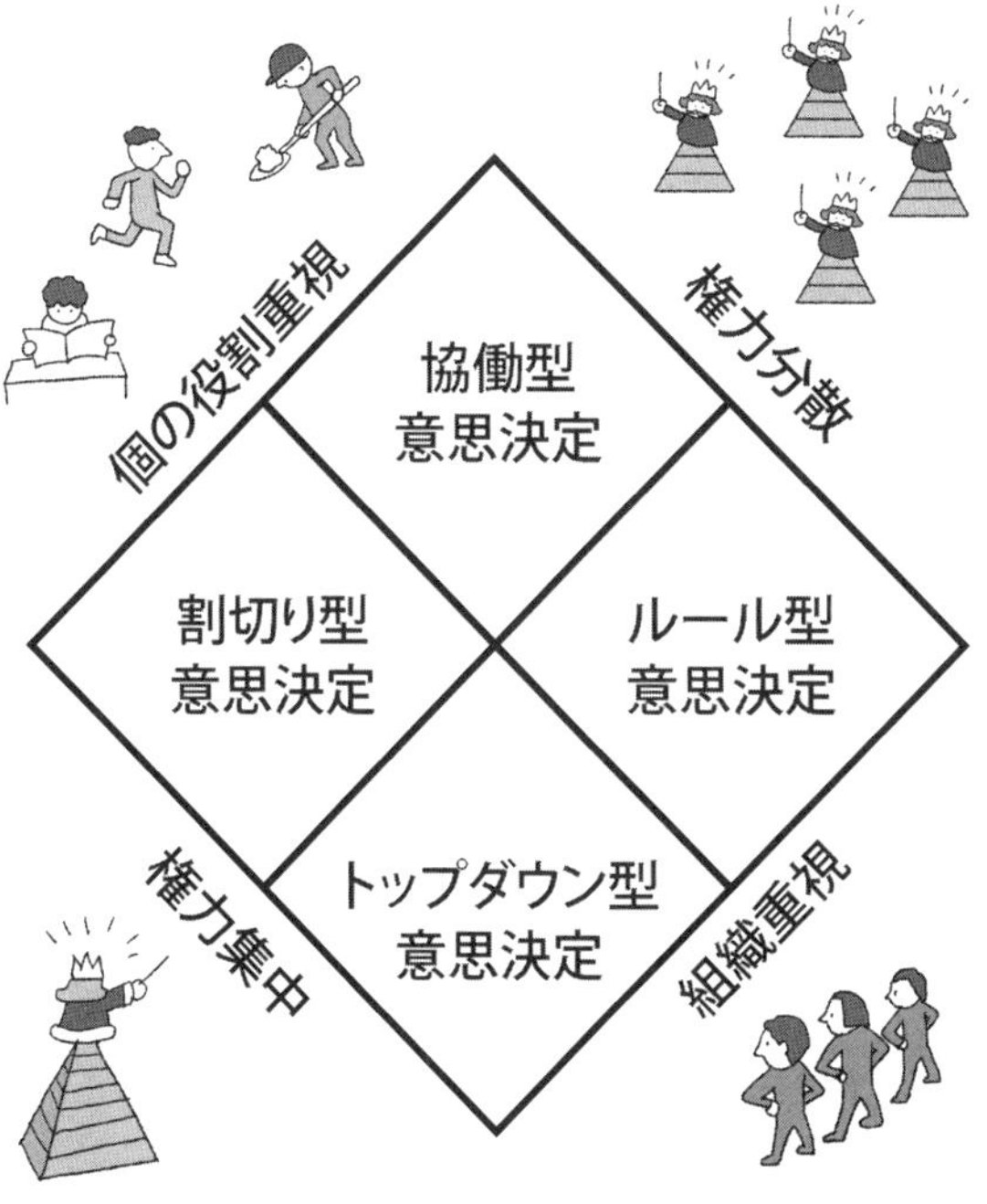

図３　意思決定方法の４つのタイプ　デビッド・シベット『ビジュアル・ミーティング』朝日新聞出版（2013）の図（209 頁）を参考に作成。

ハーバード大学ケネディ・スクール（行政大学院）のロナルド・ハイフェッツ（＊5）によれば、リーダー（leader）という言葉は、インド・ヨーロッパ語のリート（leit）が語源である。

リート（leit）とは、「戦場に向かう部隊の戦闘で旗を運び、通常は敵に最初の攻撃で犠牲になる人物」のことで、「自分が犠牲になって残りの部隊に先に危険があることを知らせる」役割を果たしたという。それが転じて、戦場で先頭に立って敵の動向を見据え、機を見て味方とともに敵陣に乗り込む人物を意味するようになり、さらに、グループや集団を代表し、統率し先導する人という意味になったと推測される。（＊6）

一昔前は「リーダー」と言えば、織田信長・豊臣秀吉・徳川家康など、自らの兵を率いて戦場で戦って勝利を収めた歴史上の英傑だった。彼らは社会的に付与された権威、あるいは自ら勝ち得た「権威」を持つリーダーである。仮に彼らが間違った意思決定を行ったとしても、人は黙ってついていくこと以外に方法はなかった。その意思決定に違反すれば、あるいは反対すれば、社会的・政治的に弾圧され、抹殺されるからである。

しかし、今の時代に必要とされているのは、権威を持つリーダーではない。現代経営学の生みの親と言われるピーター・ドラッカー（＊7）は、「リーダーに関する唯一の定義は、つき従う者がいるということである」と語っている。人はリーダーが権威を持っているからつき従うのではない。リーダーの家柄や役職や学歴が優れているからつき従うのでもない。つき従う者は、リーダーその人の真意を理解し、全幅の信頼を置いて、自らの意志で従う。

時代の変化と日本社会の対応

新型コロナウイルス問題は、これまでの社会のあり方を大きく変容させた。人々は混雑する人込みを避け、間近で会話や発声をする直接的な接触を避け、換気の悪い密閉した空間を避けるようになった。「三密」と呼ばれる。朝夕の混雑する通勤電車を避けるために出社時間を遅らせるようになった。また、出社せずに、自宅（あるいは自宅近く）に居ながらにして仕事ができるようになった。小中高等学校から大学まで、パソコンやタブレット、スマートフォンなどを使ってオンラインで行うリモート授業が当たり前になった。ニューノーマル（新常態）が出現したのである。

新しい生活スタイルが要求される時代が間違いなく到来している。しかし、この変化に対応する日本社会の動きはそれほどスピーディーではない。

日本人は、変化を嫌い、現状の制度や社会システムにしがみつく特性を持つと指摘される。日本人は危機感が薄く、現状に甘んじて、変化を好まない国民性があると言われる。

日本企業あるいは日本社会を揶揄《やゆ》する例として、茹でガエルの比喩がある。水の中のカエルが、水が熱せられて徐々に湯に変わっていくことも知らずにそのまま動かず、やがて茹でガエルになってしまうという話である。チーズをたくさん貯め込んで現状に満足しているネズミと、そういう状況下でも新たにチーズを探しに出かけるアントレプレナーシップ（企業家精神。新規事業の創造意欲が高く、高いリスクに果敢に挑む姿勢）溢れるネズミとを対比した寓話も、同じような文脈で語られている。

明治以降の歴史を振り返ると、日本人は、明治維新、敗戦、石油ショック、リーマン・ショックなど大きな危機やさまざまな変化を経験してきた。そして、その都度、それらの危機を乗り越え、変化に対応してきた。にもかかわらず、自虐的な日本人論を展開する諸氏は、日本人は変化に対応することが不得手だと言う。時代の変化や状況の変化に対して、小手先の弥縫《びほう》策や辻褄《つじつま》合わせの対応に終始して、創造的な対応ができないとも指摘する。それが日本人の特性なのだと。

しかし、米倉誠一郎《よねくらせいいちろう》・一橋大学名誉教授（＊8）は、日本人にアントレプレナーシップがないというのは誤りで、明治維新前後の近代日本では「創造的対応」が行われたと指摘する。米倉教授は、「イノベーションの父」とも言われる経済学者シュンペーター（＊9）のある論文を読んで、大きな触発を受けたという。

その論文では、状況の変化に対応する方法として、現存する慣行の延長線上で変化に「順応すること」と、現存する慣行のはるか枠外から「創造的に変化すること」というふたつがあることが指摘されていたという。

米倉教授は「創造的変化」をキーワードにして、明治以降に高島秋帆《たかしましゅうはん》（＊10）や大隈重信らが行った6つの事例を紹介し、明治から昭和初期にかけて日本人が、大きな社会変化に対して「創造的対応」を行ったことを実証している。（＊11）

世界は変化し続けている。グローバル化と情報通信技術（ICT）の急進展によって、世界はより急激に変化しつつある。そして今、新型コロナ問題の発生により、世界はさらなる大波の到来に翻弄されている。日本も幕末の開国、太平洋戦争の敗戦以来の危機を迎えていると言ってもいいかもしれない。まさに「創造的対応」が求められているのである。

「適応課題」とアダプティブ・リーダーシップ

組織が直面する課題には、「技術的問題」と「適応課題」がある（＊12）。ハーバード大学ケネディ・スクールのロナルド・ハイフェッツらは、多くの組織が失敗する最大の原因は、そのふたつを区別せずに、「適応課題」を「技術的問題」として対処してしまうことにあると指摘する。

「技術的問題」は、複雑で重要な場合もあるが、問題を明確に特定することができ、明確な解決法も用意されている。技術的問題を特定し解決するのは、主として「権威」を持つ人物である。権威とは、組織の中の複数の人が、自分たちが望んでいることをやってくれるはずだという期待と前提をもとに付与されるものであり、組織のメンバーは権威を付与された人物（リーダー）が「技術的問題」に対する解決策を迅速に提供してくれることを期待する。

一方、「適応課題」とは、2001年9月11日のアメリカ同時多発テロ事件や、2008年のリーマン・ショックなどによる世界的な景気低迷、世界で猛威を振るうパンデミック（感染症の全国的・世界的な大流行）などの問題のことである。「適応課題」は、避けて通ることができない問題だが、権威を持つ人物（リーダー）や権威ある専門家だけで対処することは難しい問題である。

では、「適応課題」にはどう対処すればいいのだろうか。まずは、現在蓄積されているさまざまなノウハウ、人々の信念や習慣などを変えることである。問題解決のための従来の手法を捨て去って、新しい形で臨機応変に対応することが必要となる。

「適応課題」を特定して解決法を導き出すための作業は、その問題にかかわる当事者たちが中心になって行う。必要なことと、さほど必要でないことを選り分けて、「適応課題」に対する解決策を模索する。そのために求められる能力は「アダプティブ・リーダーシップ」と呼ぶ。

日常的にさまざまな意思決定が行われている

以上で、本書で使用する用語についての簡単な説明は終わった。本題に入ろう。

現在、企業の現場では、さまざまな会議が開かれて、さまざまなレベルの「意思決定」が行われている。また、政治や行政の場でも「意思決定」が行われている。

例えば、日本の衆議院には、内閣委員会や財務金融委員会など常設の17の常任委員会と、災害対策特別委員会や科学技術・イノベーション推進特別委員会など9の特別委員会が設置されている。特別委員会は、特定の案件を審議あるいは調査するために議院の議決に基づいて設置される委員会である。そして、それぞれの委員会で審議が行われている。

さらに議会制民主主義を補完するための機関として、租税制度に関する基本的事項を調査審議する税制調査会、地方制度に関する重要事項を調査審議する地方制度調査会、文部行政の最も基本的な重要事項を取り扱う中央教育審議会など、各種の機関が設置され、意見の答申などを行っている。

「対話」とグループダイナミクス

企業の日常業務から国の重要な政策決定まで、ほとんどすべてのところで会議が行われ、さまざまな意思決定がなされている。これまで何度も指摘したように、これらの組織内意思決定の際に、「対話」が機能しているか否かが、その意思決定の良否を決める重要なカギとなる。

組織における意思決定の際に「対話」が機能すれば、「グループダイナミクス」が働く。『日本大百科全書（ニッポニカ）』（小学館）によれば、「グループダイナミクス」は、「集団力学」とも言い、集団の「動態に関する力学的性質を分析し、人間の集団内行動や、集団現象の変化を支配する法則を明らかにしようとする社会学の一領域」である。一般には、組織や集団における人間の行動や思考が組織や集団から影響を受けると同時に、組織や集団に対しても影響を与えるという意味で使われる。

すでに指摘したように、本書では、組織内での意思決定において「対話」が機能した場合に、「グループダイナミクス」が作用して、創造性の高い選択肢と解決策が用意され、より良い決断がなされると考える。その意味では、「グループダイナミクス」とは「対話力が発揮された結果として生み出される力」に他ならない。つまり、組織の構成員一人ひとりが頭の中で考えていることを言葉にして表し、「対話」を行うことによって、組織の力学が発生するのである。

アメリカの広告会社の幹部だったアレックス・オズボーン（1888年～1966年）は、ある議題についてのアイディアや問題点を検討する際に、複数の人が集まって自由に意見を述べ合う方法を考案した。それは「ブレインストーミング」と呼ばれている。

ブレインストーミングの手法は非常にシンプルだが強力な手法である。ブレインストーミングでは、アイディアや意見の「質」は求めずに「量」を重視する。多くの場合、人はアイディアや意見の「質」を自ら判断し、自分で納得してから発表する。そのため、良いアイディアや意見だと思えば発表するが、良いと思わなければ発表しようとはしない。しかし、これではたくさんのアイディアや意見は出てこない。アイディアや意見を出す前に自分で価値判断することを避けるために、質ではなく量を重視する。

人の頭には思い込みと偏見が刷り込まれており、人は思い込みや偏見をもとに「価値判断」を行う。しかし、斬新なアイディアや意見は、価値判断から離れたところに存在する。発言をする前に自らを価値判断で縛ってしまうと「対話」はその先に進まなくなる。意見やアイディアの良し悪しの判断は、意見をテーブルにのせてからみんなで行えば良いのである。

キューバ危機の勃発

次に「グループダイナミクス」と「対話」の関係を考えるうえで重要なヒントを与えてくれるふたつの事例を紹介したい。

事例のひとつは、今から約60年前に起きた「キューバ危機」である。

「キューバ危機」により第三次世界大戦突入への危惧が高まったが、アメリカ大統領ジョン・F・ケネディ（1917年～1963年）のリーダーシップにより危機を回避することができたと言われている。当時の様子は、ケネディ大統領の実弟で当時司法長官だったロバート・ケネディ（1925年～1968年）の著書『13日間―キューバ危機回顧録』（＊13）に詳細に記されている。

1962年10月16日、火曜日の朝、ロバート・ケネディは、ケネディ大統領からソ連がキューバに弾道ミサイルを含む攻撃用兵器を配置しているとの話を聞いた。

少し長くなるが、その後の経緯の概要を紹介しよう。

ケネディ大統領のリーダーシップ

その日の朝に閣議室で会合したグループは、その後12日間、ほとんど絶え間なく会合を開いたという。このグループは後に、国家安全保障会議執行委員会（Executive Committee of the National Security Council―通称「エクス・コム」）と名付けられる。

事態は次のような経緯を辿った。

会合では、ソ連のミサイル基地を空爆して破壊するか、海上を封鎖するかで激論が交わされた。ロバート・ケネディは、海上封鎖がうまくいくという確信はなかったが、封鎖のほうが武力攻撃よりも柔軟性に富み、不利が少ないと感じたという。

激論の結果、ケネディ大統領は海上封鎖を決断した。フランス、イギリス、西ドイツは海上封鎖に同意し、米州機構（OAS）（*14）も全会一致で海上封鎖を支持した。ケネディ大統領は、判断を誤ることのないよう慎重を期した。米ソともキューバでの戦争を望んではいなかったが、相手側の「安全」「誇り」や「メンツ」を脅かすことになれば反発を引き起こすことは必定だったからである。最悪の場合には武力衝突にまでエスカレートしてしまうことも大いにあり得ることだった。

10月24日朝、500カイリの海上封鎖が発効した。ソ連は慎重に行動した。しかし、危機は高まる一方だった。国連安全保障理事会では、ウ・タント事務総長代理（当時）が、ソ連がキューバにミサイルを送らないことを条件に封鎖解除を提案した。ソ連の首相フルシチョフはこれに同意したが、ケネディ大統領は拒否した。この危機はキューバに攻撃用兵器が秘密のうちに導入されたためにつくり出されたもので、攻撃用兵器の撤去以外に解決はあり得ないと考えたからだった。

その後、フルシチョフ首相からケネディ大統領宛てに2通の書簡が届けられた。1通は、「ソ連はキューバに兵器は送らず、キューバ内の兵器は撤去するか破壊する。アメリカは海上封鎖を解き、キューバを侵略しない」という内容だった。翌日に届いたもう1通は、「ソ連はキューバからミサイルを撤去するが、アメリカもトルコからミサイルを撤去する。ソ連はトルコに侵入せず、内政干渉しない。アメリカもキューバに侵入せず、内政干渉しない」という内容だった。

ケネディ大統領は2通目の書簡を無視し、1通目の書簡に対してのみ回答した。フルシチョフ首相はその回答に同意した。10月28日、キューバ危機は去った。

エクス・コムでの「対話」

「キューバ危機」を回避できた最大の要因は、エクス・コムのメンバーが、何度も開いた会合で適正な「対話」を行ったことにある。

ロバート・ケネディは、著書の中で対話の重要性に幾度となく言及している。


「(会合では) だれ一人、最初から最後まで自説に固執したものはいなかった。……われわれはみんな対等の立場で発言した。階級はなかった。事実、議長すらいなかった。……発言は全く自由かつ無制限だった。みんな平等に発言の機会が与えられ、その発言は直接、みんなの耳に入った。これは途方もなく大きな利益をもたらすやり方だった」

「われわれが語り合い、議論し、意見が一致せず、さらにもう少し議論ができたからこそ、結局はあのような道を選べたのである。……大統領が一個人や一省だけの勧告や意見、ひとつの見解だけを聞くのではなく、多くの個人や政府機関の勧告や意見、多くの見解に耳を傾けることがどんなに重要かは、この危機におけるわれわれの協議で決定的に証明されたと思う。意見というものは、対立と討論によって最もよく判断される。……全員の意見が一致しているときは、重要な要素が欠けているのである」

「対立と討論」を「対話」という言葉に置き換えるとわかりやすい。

また、権力と地位を持つリーダーと「対話」については次のような記述がある。

「議論を押さえることのないように、また特別に気を使われるようなことを好まなかったために、大統領は、われわれの委員会のすべての会議に顔を出さないことを決めた。これは賢明だった。大統領が出席しているときには、それぞれの人柄が変わり、強い個性の人物ですら大統領の耳に心地が良いと思われる土台の上に勧告を組み立てることもしばしばあった」

ロバート・ケネディは、「キューバ危機の究極的な教訓は、われわれ自身が他国の靴を履いてみる、つまり相手国の立場になってみることの重要さである」と書いている。「対話」では、「相手の靴を履いてみる」、つまり相手の立場に立ってみることが重要である。

オバマ大統領の「ビン・ラーディン計画」

もうひとつは、オバマ大統領の「ビン・ラーディン計画」である。

オバマ大統領は、「対話」を重視して、綿密な計画案を策定し、慎重なうえにも慎重を期して、「ビン・ラーディン計画」の意思決定（決断）を行い、完璧に成功させた。

アメリカ合衆国第44代大統領のバラク・オバマは、巧みな演説と人を惹きつけるカリスマ性を持った人として知られている。大統領就任後2年目の2011年2月、オバマ大統領は、アメリカ中央情報局（CIA）から、ウサーマ・ビン・ラーディン（*15）がパキスタンの都市アボッターバードに潜伏しているとの報告を受けた。

話は2001年9月11日に遡る。イスラム過激派テロ組織のアルカイダは、4機の航空機をハイジャックして、ニューヨークのワールドトレードセンタービルなど4か所に突入した。「アメリカ同時多発テロ事件」と呼ばれる。CIAは、そのテロの首謀者としてビン・ラーディンの捜索を開始し、ようやく居場所を突き止めたのだ。

「要塞」の住人を特定するための37通りの方法

事の発端は、2010年8月に、CIAが目をつけていたビン・ラーディンの部下のひとりがある屋敷に入るところを目撃したことだった。その屋敷付近には、パキスタン陸軍士官学校があり、パキスタン軍関係者が多い地域だったため、当初、CIA内ではこの情報に対する否定的な意見が大半を占めた。

しかし、調査を進めるうちに、この屋敷(CIAは「要塞」と呼んでいた)にいくつかの不審な点があることがわかった。例えば、電話線もインターネットも設置されていないこと、ゴミをその敷地内で焼却していることなどである。屋敷の建設費用が20万ドル以上と推定されることも不可解なことだった。

報告を受けたパネッタCIA長官(当時)は、「要塞」の住人を特定するための25通りの方法を考えるよう指示した。多くの選択肢をテーブルにのせることに意義があり、この段階ではそれぞれの選択肢を評価しないことが重要である。実際には、悪臭を放つ爆弾を投げ込んで屋敷の住人をあぶり出すという乱暴な実力行使から、推定される住人の宗教的狂信を利用して屋敷の外の拡声器で「アッラーの声」と称して「通りに出て来なさい」と呼びかけをするという心理作戦など、37通りの案が出たと言われる。

また、「要塞」にビン・ラーディンが住んでいる可能性が高いとはいうものの、CIA内では、その確率が60％と言う職員もいれば90％と言う職員もいて、かなりのばらつきがある状況だった。そこで、不確実性があることを重要視して、ビン・ラーディンがそこに「いない」という説得力あるシナリオをつくり、それらをひとつずつ反証していくという作業も行った。つまり、「要塞」がアルカイダと直接関係があることの確証は得られたが、ビン・ラーディンはそこにはいないというシナリオも想定していたのである。

かつて、アメリカは2003年の「イラク大量破壊兵器保持」問題で、イラク国内に大量破壊兵器が存在するというCIAの誤った情報をもとにイラク侵攻を断行したという大きな間違いを犯している。したがって、今回の作戦では、CIAはあらゆる角度からの分析を行ったのである。

「要塞」にどのように潜入するか？

2011年3月から4月にかけて、極秘裏に国家安全保障会議が開催された。「要塞」への潜入と攻撃方法と、ビン・ラーディン捕獲あるいは殺害方法について、CIAは、B－2による爆撃（A案）と特殊作戦部隊による急襲（B案）という2案をオバマ大統領に提出した。それに対してオバマ大統領は質問を繰り返し、さらにふたつの案を検討するよう命じた。

CIAは、高精度の誘導ミサイルを使った無人機による攻撃（C案）とパキスタンとの合同作戦（D案）を提出し、4つの案を検討した。その結果、A案とC案では、ビン・ラーディン本人の死亡を確認することができないこと、D案は、事前に情報が漏れる可能性が大きいことが明らかになった。

そこで、B案を軸に考えることになった。想定されるリスクは、パキスタンとの外交関係が破綻する可能性があることだった。通常は、米軍機のパキスタン領空飛行は許されている。しかし、今回は許可のない領空侵犯となるために、パキスタンとの関係が悪化する可能性もはらんでいた。一方で、仮に関係悪化が起きて米軍がパキスタン上空を飛行ができなくなったとしても、米軍としては周辺経路の確保が必須である。そこで、事前にパキスタンをバイパスするルートを構築することで、もしもの事態が発生してしまった場合にも米軍活動が維持できる状況を整えた。作戦後のことまで含めて、あらゆるシナリオを想定したのである。

複数の案を検討させ、想定外を減らした

ビン・ラーディン計画は「ネプチューン・スピア（海神の槍《やり》）作戦」と名付けられ、周到に準備された。作戦は完璧に実行された。

2011年4月29日、オバマ大統領は決行の許可を出し、5月2日、作戦は決行された。約40分の銃撃戦ののち、アメリカ海軍特殊部隊（ネイビーシールズ）は屋敷を制圧し、ビン・ラーディンを殺害した。

作戦は成功した。しかし、いくつかの失敗もあった。

例えば、攻撃ヘリが電線に引っかかって墜落したこと。しかし、これは想定内だった。墜落したヘリを爆破し、残ったヘリでチーム全員が帰還した。

もうひとつは、襲撃の映像が世界に生中継されたこと。これは想定外の出来事だった。

さらに、巻尺《まきじゃく》を忘れたこと。ビン・ラーディンがテロリストの中でも際立って高身長（194センチ）であることをわかっていたにもかかわらず、ビン・ラーディン本人であるかどうかを確認するための方法を用意していなかったのである。そこで、ネイビーシールズの隊員で、ほぼ同じ身長のひとりが、ビン・ラーディンの遺体の横に寝そべって測定したという。完璧だと思われていた作戦の意外な落とし穴だった。

実はこのときのエピソードがもうひとつある。数週間後、オバマ大統領はこの作戦を指揮したマクレイブン司令官の洞察力をたたえて盾を贈呈したが、その盾の表面には巻尺が描かれていた。「マクレイブンによる攻撃という選択肢」で予測されなかった、ごくわずかな要素のひとつを忘れないためである。（*16）

「ビン・ラーディン計画」はオバマ大統領がリーダーシップスキルを発揮した意思決定プロセスだった。しかし、完璧と思われる意思決定をしたとしても、どこかに必ず見落としがある。完全無欠の選択肢は存在しないという教訓だろう。

＊1 【チェスター・バーナード（1886年〜1961年）】アメリカ合衆国のニュージャージー・ベル電話会社社長（1927年から約20年間）。経営学者。社長在任中の1938年に刊行した『経営者の役割』によって経営学者としての名声を確立。

＊2 チェスター・バーナード『経営者の役割』ダイヤモンド社（1968年）。

＊3 【ハーバート・サイモン（1916年〜2001年）】アメリカ合衆国の政治学者・認知心理学者・経営学者・情報科学者。イリノイ工科大学政治学教授。その後、カーネギーメロン大学教授。1978年にノーベル経済学賞を受賞。

＊4 【デビッド・シベット】1977年にThe Grove Consultants International社設立。世界中のクライアントに対して、創造性と未来志向の開発、リーダーシップ開発、組織の戦略およびビジョンの構築、大規模な変革プロセスなどのデザインと遂行を行っている。

＊5 【ロナルド・ハイフェッツ】ハーバード大学ケネディ・スクール（行政大学院）上級講師。同パブリックリーダーシップセンター共同創設者。独創性に富んだリーダーシップの教育と実践手法は世界中から高く評価されている。IBM、マイクロソフト、マッキンゼー、世界銀行などのアドバイザーも務める。

＊6 R・ハイフェッツ、M・リンスキー、A・グラショウ『最難関のリーダーシップ』英治出版（2017年）。

＊7 【ピーター・ドラッカー（1909年〜2005年）】オーストリア生まれの経営学者。マネジメント分野を体系化した最初の人物。「マネジメントの父」と呼ばれる。欧米だけでなく、日本の企業人や経営学者らに多大な影響を与えた。1946年『企業とは何か』、1954年『現代の経営』、1973年『マネジメント』。

＊8 【米倉誠一郎（よねくら　せいいちろう）】経営学者。専門は経営史。1953年生まれ。元一橋大学教授、2017年より同名誉教授、一橋大学イノベーション研究センター特任教授。

＊9　【J・シュンペーター（1883年～1950年）】オーストリアの経済学者。1932年に米国に移住。計量経済学会の創立者のひとり。企業者による新機軸（イノベーション）を中心とする独自の経済発展理論を展開。

＊10　【高島秋帆（たかしま　しゅうはん）（1798年～1866年）】幕末の兵学者・砲術家。近代的西洋流砲術の先駆者である。オランダ人に蘭学・兵学・砲術を学び、高島流を創始。幕府の鉄砲方手付、教授方頭取、講武所砲術師範役などを歴任。

＊11　米倉誠一郎『イノベーターたちの日本史』東洋経済新報社（2017年）。

＊12　R・ハイフェッツ、M・リンスキー、A・グラショウ『最難関のリーダーシップ』英治出版（2017年）。

＊13　ロバート・ケネディ『13日間―キューバ危機回顧録』（改版）毎日新聞社外信部訳、中央公論新社（2014年）。

＊14　【米州機構（OAS）】米州地域の平和・安全の保障、相互理解の促進などを目的とした地域協力機構。1948年、コロンビアで調印されたボゴタ憲章に基づく。加盟国は米国、カナダと中南米の計35カ国。日本、ドイツなどがオブザーバーとなっている。

＊15　【ウサーマ・ビン・ラーディン（1957年～2011年）】イスラム過激派テロリスト。サウジアラビア出身。1988年に国際テロ組織「アルカイダ」を設立。初代司令官（アミール）。アメリカ同時多発テロ事件など数々のテロ事件を首謀した。2011年5月、パキスタンにおいてアメリカ海軍対テロ特殊部隊が行った軍事作戦によって殺害される。

＊16　スティーブン・ジョンソン『世界が動いた「決断」の物語　新・人類進化史』朝日新聞出版（2019年）。

2 組織の中での「対話」とSPICE《スパイス》アプローチ

(1) なぜ、グループダイナミクス（集団力学）が働かないのか？

よくある「リスク対策会議」

某月某日、某メーカーの会議室で「緊急セキュリティリスク対策会議」が開かれた。日本の有名な電機メーカーが大規模なサイバー攻撃を受け、1万人分を超える個人情報のほか、研究開発中の防衛装備品に関する取扱注意の情報も外部に流出した可能性があることが明らかになった。そのことを受けての緊急会議である。出席者は、社長、副社長、役員5人の計7人。経営トップによる「戦略的意思決定」会議である。

役員A「マスコミで大問題になっているように、いまや多くの企業がサイバーテロの脅威にさらされています。わが社も、その例外ではなく、いつサイバー攻撃を受けるかわかりません。そこで、サイバー攻撃に対する対策を新たに講じるべきだと思うのですが……」

役員B「わが社は、すでにX社のシステムを入れているので大丈夫だろう。また、そもそもそれは情報セキュリティ部門の問題なので、そこがしっかりやってくればいいのではないか」

役員C……（大きくうなずくが、発言しない）。

役員D「Bさんの言う通りで、今は生産性向上のための投資のほうが重要ですよ。ベトナムの新工場もあまりうまくいっていないようですからね」

役員A「ベトナムの件はともかく、今、サイバーセキュリティは新たな段階に進んでいるんですよ」

副社長「ベトナムも重要かもしれないが、新製品の部品不足のほうがかなり深刻な問題なので、まずはその議論が優先されるべきでしょうね」

役員E「その通りだと思います」

役員A「その件もご指摘通り大事なのですが、……」

社長「Aさん、X社のシステムでは絶対にダメだということかね。それともある程度は大丈夫ということなのかな。どうですか？」

リスクのイメージが共有されていない

ここで紹介した会議の問題点のひとつは、「社長」の発言に典型的に表れているように、二者択一の議論に誘導していること。すでに指摘したように、これを「二分法の罠」と言う。もうひとつは、「役員B」「役員D」「副社長」の発言にみられるように、彼らはサイバーセキュリティに興味や関心がほとんど向いていないため、話題を変えようとしていること。話題が変わると、なかなか元には戻らない。さらに、最も致命的なのは、リスクのイメージを共有できていないことにある。「役員A」以外は、実際にどのようなリスクがあるのか十分に想定できないまま議論が進んでいる。

企業のパソコンなどをウイルスに感染させて、そこから機密情報を奪うことを「サイバー攻撃」と呼ぶ。現在、世界の国々そして世界中の企業が「サイバー攻撃」の脅威にさらされている。

企業にとっては、サイバー空間における機密性を確保するためのサイバーセキュリティ対策が喫緊の課題になっている。サイバーセキュリティ対策として企業は、テクノロジー面での対策、マネジメント面での対応、そしてサイバー攻撃を受けた場合の事後の対応をシームレスに行うことが必要である。

企業は、サイバー攻撃を受けた場合には訴訟を受けるという法的リスクを抱えている。裁判では、訴訟に至るまでの過程が重視される。つまり、サイバー攻撃を受ける前に企業はどのような対策をとってきたのか、そして、サイバー攻撃を受けてから経営陣はどのような対応をとったのかが極めて重要になる。技術面とマネジメント面での対応を専門的に行っていない場合には、経営陣の責任が問われる可能性が高い。

現実の企業では、もう少しましな「リスク対策会議」が開かれているだろう。しかし、意見の違いを乗り越えて創造的な解決策を模索するための「対話」が必ずしも行われているかどうかはわからない。

問題のあるクライシス会議

もうひとつ、よくありがちな会議の例を紹介しよう。サイバー攻撃を受けた企業が、その翌日に開いた「対応のための役員会議」である。この会議でも「対話」は行われていない。

役員Ａ「昨日、サイバー攻撃を受けたという報告がありました。約1万件の顧客情報が流出しているとのことです。幸い、センシティブ情報は被害を受けていないという報告があがってきています」

役員B「わが社の顧客は5万件ほどだから、5分の1の情報が流出したということか」

役員C「とりあえず、センシティブ情報は流出していないならまずは一安心というところだね」

役員A「しかし、サイバー攻撃による被害の全貌がわかったわけではないので……」

副社長「いったい情報部門は何をやっているのだ。これは情報部門の責任だろう。早急に情報部門の責任問題を検討しなければならないな」

役員A「ご指摘通り、その件も大事ですが……」

役員B「情報部門の責任問題も含めて、第三者委員会を立ち上げることになりますね」

役員C「第三者委員会にはわが社の顧問弁護士を入れられるのかな……」

サイバーセキュリティと企業の対応

この会議の問題点のひとつは、情報流出について楽観的に解釈していることである。

人は危機に直面すると、被害の重大さから目を背けて、楽観的な側面にフォーカスする傾向がある。まず、「そんなことはあり得ない」と考え、次に、「そんなことあってはならない」と考える。そして、危機について議論せずに、責任回避をしようとする。さらに、問題を矮小化して安易に解決しようとする（＊17）。流出した情報量は全体の5分の1だから、「多くはない」と捉え、重要情報が流出しなかったから大したことにはならないと考えてしまうのである。

第二の問題点は、現状の事態を確認しようとするのか、事態が収束した後の原因究明を行いたいのかが、明確に区別されないまま議論が進められていること。議論が錯綜しているのである。

第三の問題点は、社内での責任の所在を探ろうとしていること。因果関係や責任の主体が明らかになっていない段階で、ある対象に原因や責任を帰属させ、その対象を非難する「スケープゴーティング」（責任転嫁）と呼ばれる行為である。役員たちは情報部門の責任者たちをスケープゴート（やり玉）に挙げることによって、情報流出という不快な問題から目を背けようとしている。

一般に、多くの経営者は、サイバーセキュリティ問題は情報やシステムを扱う情報部門の課題であり、その責任はＣＩＯ（最高情報責任者）にあると考えている。また、サイバー攻撃の対象はあくまで自社の情報であって、それを守るために、つまりウイルスが自社の機器に侵入しないように、情報部門が侵入特定や防御などの侵入阻止対策を講じなければならないと考えている。（＊18）

しかし、サイバーセキュリティは全社を挙げての経営課題という認識を持つべきであり、経営トップが責任を持って取り組むべき課題である。また、サイバーセキュリティで防衛すべき情報の対象としては、自社情報だけでなく、自社に関連する会社の情報を含むことも忘れてはならない。企業はサイバー攻撃にどう立ち向かい、サイバー攻撃を受けた時にどう対処すればいいのか、現在の経営トップに課せられた重要な課題である。

まず必要なことは、企業内でリスクのイメージを共有し、サイバーセキュリティを全社的な危機管理の問題として捉えることである。そして、仮にサイバー攻撃を受けた場合には、問題を矮小化することなく事態の全容を把握しようと努め、事後処理にあたるべきである。要するに、テクノロジー面での対応、マネジメント面での対応、そして事後的対応をシームレスに行うということである。

そして、もうひとつ重要なことは、サイバーセキュリティのような重要課題についての意思決定に際しては、「グループダイナミクス」を最大限活用できるような「対話力」

のある会議を行うということである。

(2) SPICEアプローチ

グループダイナミクス（集団力学）を働かせるための5つのポイント

これまで見てきたように、会議で「対話」が行われるためには、いくつかの条件が整っていなければならない。

・自由に意見が言えること
・職制上の階級などを持ち込まないこと
・意見が変わることを認め合うこと
・対立を恐れないこと
・相手の意見に真摯に耳を傾けること

これらの条件が整ってはじめて、組織内の会議で行う意思決定で「対話力」を活かしたグループダイナミクスが働く。

では、組織内で「対話力」を活かした意思決定を行うためにはどうすればよいのだろうか。以下では、「拡散と収束」という思考の技法を使って、次の5つのポイントを重視することを提案したい。ちなみに、「拡散」とは、自由な発想でア、イ、デ、ィ、ア、をふくらませていく方法であり、「収束」とは、多くの情報をもとに結論にたどりつく方法である。

第一は、「議題（アジェンダ）」に関係する「状況把握（シチュエーション）」と「利害関係者（ステークホルダー）」について、事前にミッション（使命あるいは重要な任務）を共有したうえで調査・分析して、その情報を会議参加者全員が共有すること。ミッションとは、「何のために議論をするのか」ということであり、それぞれの会社の理念や信条に照らして検討する必要がある。

第二は、人はそれぞれ異なった考え方や意見を持っていることを前提に、会議の参加者や利害関係者の立場に立って、彼らの感情や思考を理解するように努めること。

第三は、議題の「課題」を設定すること。課題設定がうまくいくかどうかは次の段階以降のプロセスの成否を決めると言ってもいい。

第四は、設定された「課題」について、自分と利害関係者の利益を最大化し、双方が納得して満足できるような解決策の選択肢を複数用意すること。

第五は、複数の選択肢を評価して、最終的に絞り込み、3つあるいは4つの選択肢を選んで、決断すること。

この5つのポイントについて順を追って説明しよう。

状況把握・利害関係者分析
(シチュエーション・ステークホルダー・アナリシス Situation, Stakeholder Analysis)

一般に、企業は、さまざまな利害関係者(ステークホルダー)とともに存在している。原材料の調達先企業や協力企業などのサプライチェーン、社内の従業員、顧客、関係する自治体や政府機関などである。

利害関係者は、企業や行政などの組織の意思決定によりさまざまな影響を受ける。そのため、意思決定の会議では、それぞれの利害関係者についての情報を可能な限り数多く集めて分析し、参加者の共通の理解としておくことが重要になる。

例えば、会議の議題が国際的な問題であれば、直接関係する国の政府や国民、副次的に影響が及ぶかもしれない関連する国の政府や国民、国際機関、マスコミ関係など、利害関係者は多岐にわたる。したがって、ただ漠然と利害関係者を挙げていくだけでは、時間の無駄になるケースが多い。そこで、実際に利害関係者を考えていく前に、会議参加者間でミッションの共有、すなわち、自社の理念や信条に照らして会議の目的を明確にしておく必要がある。

ここで、ある企業が新しい技術を使った新製品の開発を行っているケースを考えてみよう。おそらく図4のような「状況把握・利害関係者マップ」を作成することができるだろう。新製品を開発するためには新しい原材料が必要である。新製品の開発は、調達先企業に大きな影響を与えるだけでなく、そのほかの顧客にもさまざまな影響を及ぼす。

よく知られているマーケティングの手法のひとつとして、「3C分析」がある。市場・顧客（Customer）、競合（Competitor）、自社（Company）の頭文字が「C」であることからこう名付けられている。まず、ある事業を成功させるためには、どのような顧客がいて、どのようなニーズがあるかを分析する（市場・顧客）。次に、競合する製品を生産する他企業の現状やシェア、強みと弱み、市場における評価などを行う（競合）。さらに、自社の強みと弱み、市場における評価を分析する（自社）。

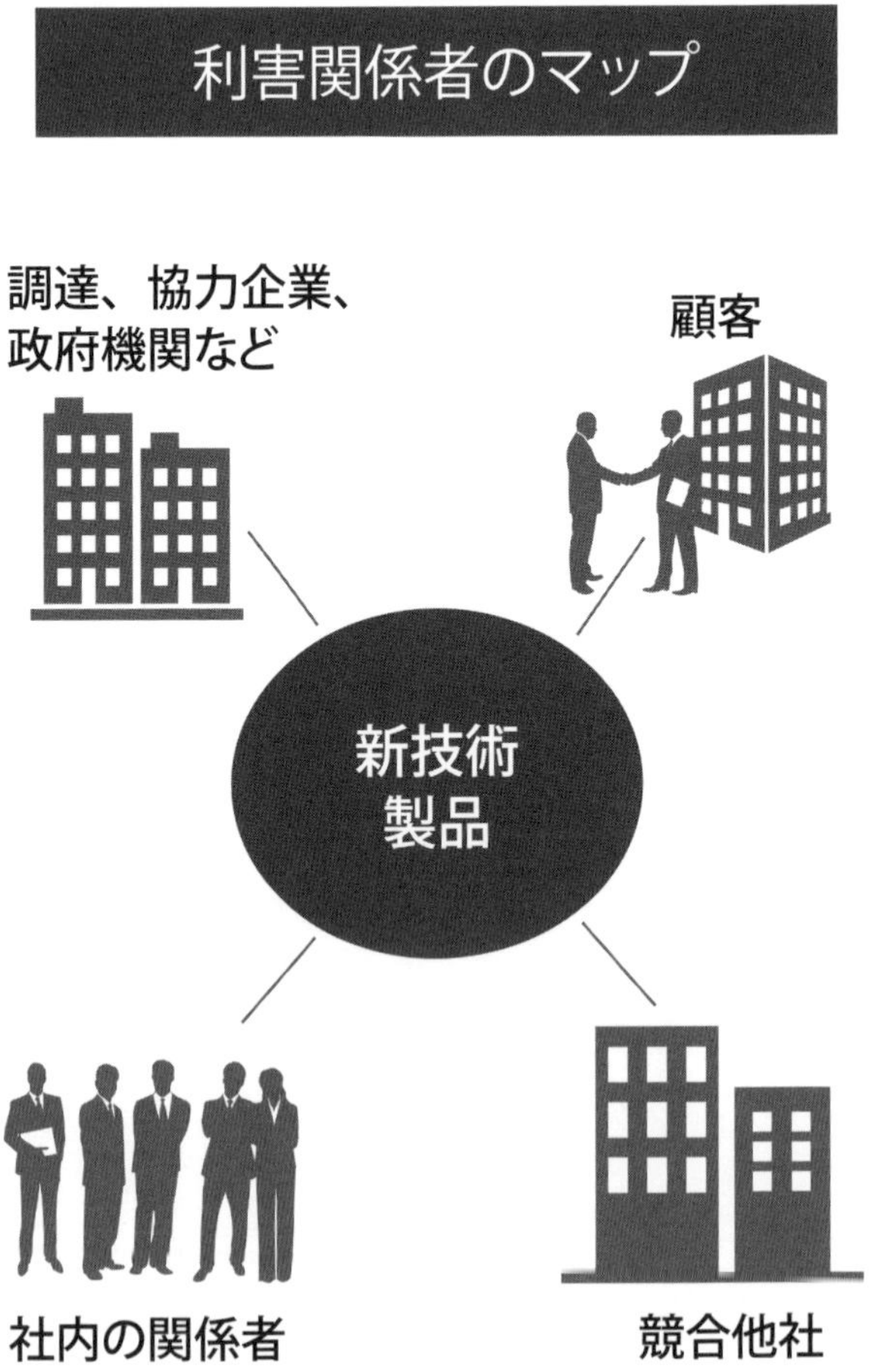

図４　状況把握・利害関係者マップ（著者作成）

利害関係者分析には「3C分析」を活用し、3Cに加えて、社内関係者や政府機関などより広範な関係者に関する分析を行い、情報を共有することが必要になる。

ところで、ここで紹介した状況把握・利害関係者分析は、中長期的なビジョンを議論する際に使われるべきものである。しかし、企業で行われる会議では、時間的余裕があることばかりを議題にしているわけではない。むしろ、時間の制約がある場合のほうが多いかもしれない。そういう会議では、限られた時間内で考え出された案を評価し、意思決定へと繋げる必要があり、その際には、先ほど指摘した「ミッション」を会議参加者全員でより強く意識することが求められる。

例えば、ある食品会社で、消費期限切れの食材を使用していた疑いが発生したケースを考えてみよう。対応を検討するための緊急会議では、会議参加者は「安全・安心な食品の提供」という自社の経営理念を確認してから、利害関係者分析を始めるべきである。そうすれば、利害関係者をより絞って検討することができ、次のステップ以降に使える時間を増やすことができる。

視点獲得（パースペクティブ・テイキング　Perspective Taking）

第二は、利害関係者たちの複数の視点を考慮に入れること、すなわち「視点獲得」である。とかく人は、他人も自分と同じ考え方に立って行動すると考えがちである。しかし、デヴィッド・ボームが指摘するように、人々の考えは「想定」と「意見」で成り立っている。置かれている状況や立場が異なれば、同じ問題であっても人々は異なる考え方を持っている可能性が高い。そのため、議題（アジェンダ）に関係するすべての利害関係者がどのような視点を持っているかを知っておく必要がある。

「視点獲得」では、ファーストステップがきわめて重要になる。できるだけ多くの利害関係者を見つけ出し、それぞれの利害関係者の複雑に絡まった視点を読み取るという意識を持つことが大切である。さまざまな利害関係者の視点に立脚して分析する能力を「視点獲得能力」と言う。

視点獲得能力が高い人は、利害関係者の意図をより正確に理解できる。また、会議の参加者や利害関係者の表面的な訴えや振る舞いの背後に目を向けることができる。利害関係者の複雑に絡まった「利害」は、表面的な話よりも、言葉の背後に隠されている本当の意図に目を向けることが必要だからである。

視点獲得能力の重要な要素のひとつに、自己の感情をコントロールする能力と議論の決裂を回避する能力がある。なかには自分の言いたいことだけを言い募《つの》る利害関係者もいるだろう。そのような場合は、その人の主張を聞くだけではなく、本当は何を考えていて、どのような利害関係を持っているのかを冷静に分析する必要がある。

自分の感情をコントロールして、その人が背後に何を考えながら、どういう意図で発言しているかを考える。利害関係者である中小企業経営者のAさんはこんなことを言っているというように表面的なことで終わらせるのではなく、Aさんが言葉には出さないけれども心の中で思っているだろうことも含めて分析する。それができるのは視点獲得能力が高い人である。

「課題」設定のポイントとなる視点獲得

視点獲得は「課題設定」の重要なポイントとなる。

例えば、今回の新型コロナ問題では、飲食店などが家賃の支払いに苦慮した。このような場合、「家賃が払えない」ということだけで終わるのではなく、店舗の売り上げが大きく減少したために、家賃の支払いが経営を圧迫しているという問題、つまり「家賃が払えない」という背景にある「課題」を考えることである。簡単な例だが、ある程度の視点獲得能力を持っている人は、家賃が「課題」なのではなく、コロナ禍の中での店舗の稼働率が「課題」であることにすぐに気づくはずだ。

繰り返しになるが、議題（アジェンダ）に関する利害関係者の表面的な言葉や訴えだけに固執してはいけない。どのような利害関係者がいるかを頭に入れ、それぞれの利害関係者がさまざまな視点を持っていることを理解することが重要である。

すべての人は、生まれも違えば、育ちや受けた教育環境も違う。消費者であると同時に生産者でもある。ある企業の社員であると同時に、住んでいる地域の自治会の役員をしているかもしれない。その意味で、すべての利害関係者は多くの視点を持っている。AかBかという「二分法」から離れて、それぞれの人々の主張の背後にある思いを理解することが必要である。

課題を設定するための方法（イシュー・メイキング　Issue Making）

第三のポイントは、「課題」（イシュー）を明確に設定することである。ここで言う「課題」とは、「議題のある会議で目指すべき最も重要なこと」という意味である。会議の議題をもとに集めたさまざまな情報を分析して「課題」を設定する。そのために会議では、すでに紹介したように、さまざまな意見をできるだけ広く「拡散」させたあとで「収束」させるという方法をとることが望ましい。また「課題」は、利害関係者分析と視点獲得が十全に行われる結果として浮かび上がってくることも多い。

しかし、「課題」を設定することは簡単なことではない。そこで、「とりあえず思いついた課題でいい」と考える人がいる。ところが、そういう課題から出発すると、解決策としてのさまざまな選択肢を引き出すことは容易ではなくなる。その結果として、グループダイナミクスが機能せず、会議は失敗に終わる可能性が高くなる。

さまざまなバイアスと「バレットタイム思考法」

とかく人は目の前の情報や入手しやすい情報だけを利用する。なかでも、自分の価値観や考え方に合致する情報に多く触れてしまう傾向がある。これを「選択的接触」という。

また、自分に都合の悪い情報は無視して自分の考えを裏付けるような情報を受け入れる傾向もある。これを「確証バイアス」という。

さらに、ある人の情報を都合の良いところだけ利用することもある。これを「利用可能性バイアス」という。

このようなさまざまなバイアスがあることを自覚的に意識しながら、できるだけバイアスを避けて、予断を持たずに情勢を分析する視点を持つことが重要である。

「課題」を引き出すための方法として一例を紹介したい。「バレットタイム思考法」と言われる方法である。1999年に日本でも公開された映画『マトリックス』では、被写体のまわりに複数台のカメラを並べて、被写体を連続撮影し、被写体の動きはスローモーションで、カメラワークは高速で移動するシーンが話題になった。「バレットタイム」と呼ばれる360度撮影の手法である。

この言葉を借りて、あらゆる方向から情勢分析をすることを「バレットタイム思考法」と呼ぶ。課題を引き出すためには、バレットタイム思考法が大いに参考になる。

因果関係と相関関係の違いを明確にすること

一般に、原因がわかれば課題を引き出すことは容易になる。そこで、課題抽出のもうひとつの方法として「因果関係」を探ることが重要になる。しかし、人は因果関係が大好きで、単なる「相関関係」であるにもかかわらず、「因果関係」と決めつけてしまうことが多い。

「因果関係」と「相関関係」の違いを知っておくことは重要である。「因果関係」とは、ふたつの事象のうちのどちらか一方が原因となって他方の事象が結果として起きることをいう。しかし、世の中には「因果関係」ではない「相関関係」も数多く存在する。「相関関係」とは、あるふたつの事象のあいだにある何らかの関係のことをいう。つまり、一方の事象の値の大きさと、別の一方の事象の値の大きさにある種の関連性があれば、それを「相関関係」があるという。

慶應義塾大学の中室牧子《なかむろまきこ》教授（＊19）とカリフォルニア大学の津川友介《つがわゆうすけ》氏（＊20）は、共著『「原因と結果」の経済学』（＊21）で、「因果関係」と「相関関係」の違いをわかりやすく解説している。

ふたつの事柄に何らかの関係性があることが「相関関係」。そのふたつの事柄はさまざまな値のデータ（変数）によって示される。

「相関関係」は、「因果関係」と「疑似相関」に分けられる。原因と結果の関係があるものが「因果関係」であり、原因と結果の関係がないものを「疑似相関」と呼ぶ。

そして、ふたつの変数の関係が因果関係か疑似相関かを確認するためには、次の3点を疑ってかかればいい。

①「まったくの偶然」かどうか。
②「第三の変数（これを「交絡因子《こうらくいんし》」と呼ぶ）が存在していないかどうか。
③「逆の因果関係」が存在していないかどうか。

「①まったくの偶然」の事例として、「地球温暖化が進むと、海賊の数が減る」、「ニコラス・ケイジの年間映画出演本数と、プールの溺死者数」、「ミス・アメリカの年齢と、暖房器具による死者数」などがある。

次に、「②第三の変数（交絡因子）の存在」である。交絡とは、要因と結果の両方に影響してしまい、要因が結果を引き起こしたのかなどの因果関係がわからなくなってしまう現象をいう。

そのひとつの事例としては、小学生の体力と学力の関係を指摘できる。中室教授と津川氏が調べたところによると、体力テストの合計点と国語・算数の正答率には相関関係が見られるという。しかし、「体力がある（原因）子どもは、学力が高い（結果）」という因果関係があるとは断定できない。例えば、教育熱心な親は、子どもにスポーツを習わせたり食事に気を配ったりするとともに、子どもを勉強するように仕向けるために子どもの学力も高くなる傾向があるからである。つまり、体力（原因）と学力（結果）の両方に影響を与える「親の教育熱心さ」という「交絡因子」が存在しているという分析になる。

「③逆の因果関係」については、「警察官の人数が多い地域では、犯罪の発生件数も多い傾向がある」という事例がわかりやすい。「警察官が多い」（原因）ので「犯罪が多い」（結果）という因果関係を考えるのには無理がある。むしろ、犯罪が多い地域だから（原因）、多くの警察官を配置している（結果）と考えるほうが妥当である。

課題をどうつくるか

これまで説明してきた3つのポイントをもう一度整理しておこう。

実は、組織内意思決定において「対話力」を活かしてグループダイナミクスを働かせるために最も重要なのは、3つめの「課題づくり」（イシュー・メイキング）である。課題をつくるためには、まずは利害関係者に関する情報を共有する必要がある。利害関係者を明確にすることによってさまざまな視点が浮かび上がってくる。

つまり、課題を安易に見つけようとするのではなく、利害関係者分析（ステークホルダー・アナリシス）と視点獲得（パースペクティブ・テイキング）を行ってから課題を発見するというプロセスを経ることが重要である。そうすることによってはじめて、まともな「課題」を抽出することができる。

ところが実際には、以上のプロセスは、「言うは易く行うは難し」である。例えば、2019年12月初旬に中国武漢市で最初の感染者が出たと言われ、その後日本を含む全世界で猛威を振るった「新型コロナウイルス問題」でも、日本政府は「課題」を見つけることに成功したとは言い難い。

新型コロナ問題と専門家会議

日本の新型コロナウイルス問題の発端は、クルーズ船「ダイヤモンドプリンセス号」の乗員・乗客に多くの新型コロナウイルス感染者が出たことだった。

その後、新型コロナウイルスは日本国内に広まり、政府は2020年2月に「新型コロナウイルス感染症対策本部」を設置して対策に当たった。その後も「新型コロナウイルス」感染の勢いは収まらず、3月26日、政府は、新型インフルエンザ等対策特別措置法の規定に基づいて内閣府に「新型コロナウイルス感染症対策本部」を設置し、4月7日には東京都を含む7都府県を対象に「緊急事態宣言」が発令され、4月16日には対象を全国に拡大した。

この間、新型コロナ問題についての政策を決めていたのは、「新型コロナウイルス感染症対策専門家会議」（以下、「専門家会議」）だった。「専門家会議」は、政府の新型コロナウイルス感染症対策本部の下に設置され、新型コロナウイルス感染症の対策について医学的な見地から助言等を行った。2月24日に「専門家会議」は、「新型コロナウイルス感染症の対策について、医学的な見地から」次のような助言を行っている。

「我々は、現在、感染の完全な防御が極めて難しいウイルスと闘っています。このウイルスの特徴上、一人ひとりの感染を完全に防止することは不可能です。……仮に感染の拡大が急速に進むと、患者数の爆発的な増加、医療従事者への感染リスクの増大、医療提供体制の破綻が起こりかねず、社会・経済活動の混乱なども深刻化する恐れがあります。これからとるべき対策の最大の目標は、感染の拡大のスピードを抑制し、可能な限り重症者の発生と死亡数を減らすことです」

12人で構成された専門家会議は、座長の脇田隆字《わきたたかじ》・国立感染症研究所所長、副座長の尾身茂《おみしげる》・独立行政法人地域医療機能推進機構理事長のほかメンバー9人が感染症をはじめとする医療専門家であり、残りのひとりは医療関係に詳しい弁護士だった。つまり、「専門家会議」には、エコノミストや社会学者などは含まれていない。新型コロナウイルスは公衆衛生や医療の現場だけではなく、経済を含む人間社会の活動に大きな影響を与えるにもかかわらず、である。したがって「社会・経済活動の混乱なども深刻化する恐れがある」という提言はしても、そこから「課題」を抽出することはできなかった。

多くの人が外出を手控えたことに加えて、企業活動が中断・停止したために日本経済は大きな打撃を受けた。2008年から2009年にかけて起きた「リーマン・ショック」をはるかに凌ぐ規模で、経済は停滞・縮小した。今になっては後知恵になってしまうが、経済学や社会学の専門家を専門家会議のメンバーに入れて、経済と社会をどのように支えるかという問題も早い段階で「課題」として考えるべきだった。2020年3

月以降、日本で新型コロナウイルスの蔓延を阻止することだけに注力したために、結果として経済を犠牲にしてしまったと批判されても仕方がない。
実際、新型コロナ問題が大騒ぎになってかなり早い段階から、経済界からは、早急に自粛を終えて経済を動かすよう大きな圧力がかかっていた。何が何でも「自粛」を唱え、経済界からの圧力が掛かると「自粛」を止めるというのは、政策としての一貫性に欠ける。利害関係者分析（ステークホルダー・アナリシス）と視点獲得（パースペクティブ・テイキング）を行ってから「課題」を発見するというプロセスを経ることができれば、多様な専門家を交えた「専門家会議」が結成され、対話が行われて議論が活発になり、より良い政策の選択肢を見つけることもできたかもしれない。

「課題」の見つけ方

ここで具体例を使って「課題（イシュー）」の見つけ方を考えてみよう。

〈具体例〉
ある医業機器メーカー（仮に、資本金200億円、従業員5000人としよう）が、最新型の超音波診断装置を開発した。

この装置は体形や体脂肪など、体格の違いに影響を受けることなく正確な診断ができる画期的な医療機器である。医師が詳しく診察したい部位に応じて周波数が自動的に変更されるため的確な診断が可能になっている。また、高周波数でも熱くなりにくいという特性がある。さらに厚生労働省は、超音波の診断装置について、この高周波型への切り替えを推奨している。

そこで、某月某日、満を持して最新型超音波診断装置の発売に踏み切った。しかし、半年後の現在、売れ行きは当初見込みの70パーセントにとどまっている。

なぜ予想を下回る売り上げにとどまったのだろうか。

この医療機器メーカーは、高品質の製品をつくり、利害関係者マップを作成し、さまざまな利害関係者の視点から情報を分析した。バレットタイム分析も実施した。

例えば、超音波診断装置に使われる高機能センサーは最も重要な部分なので、信頼できる大手メーカーに製作を依頼した。厚生労働省の担当者からは後押しをしてもらう確約も得ていた。病院の医師からの評価も高く、超音波診断装置は耐用年数いっぱいまで使用する病院が多いこともわかった。また、MRIなどとのデータ集積機能の有無についての問い合わせが多かった。競合メーカーの同等の製品価格は高く、価格競争力があることもわかった。その一方で、大手メーカーはMRIなど他の医療機器相互のデータ連携を重視していることもわかった。社内では、機器性能に対する評価は高かった。営業部からは、新規開拓に注力すると言われ、開発部からは他の機器とのデータ共有機能については不要と言われた。

売り上げが当初見込みを下回った原因は?

では、何が原因で売り上げが当初予定を下回ったのだろうか。

この企業では、「因果関係」で考えた。当初予定の70%の売り上げにとどまったという「結果」の原因を、利害関係者分析でのヒアリングで得られた情報をもとに考えたのである。「営業が説明不足だったから」とか「新規開拓に注力したから」とか、「データ連携機能がないから」というような原因が浮かび上がった。

しかし、これらの原因だけから「課題」を導き出そうとすることには無理がある。例えば、ほとんどの情報には個人の主観的評価が含まれるので、「営業の説明不足」は単なる主観的評価なのかもしれない。また、新規顧客獲得に注力するという方針の実施期間が、超音波画像診断装置の販売時期とたまたま重なったにすぎないかもしれない。

では、どうすればいいのか。まずは、すべての情報には主観的な評価が含まれることを知ることである。そして、まったくの偶然を排除して、第三の変数（「交絡因子」）があるかもしれないと考える。このケースでは、政府による「人間ドックの保険補助削減」という要因が見逃されていた。つまり、もっと徹底したステークホルダー分析が行われていれば、政府による「人間ドックの保険補助削減」が原因だったことがわかり、より良い「課題」が浮かび上がったかもしれない。

次に残りのふたつのポイントについて説明しよう。

「課題」解決のための選択肢を用意する（クリエーティヴ・オプション Creative Options）

組織内意思決定でグループダイナミクスを発揮するための第四のポイントは、引き出された「課題」（イシュー）をもとに解決策として複数の選択肢をつくり出すことである。

もちろん、すべての利害関係者を満足させることができる解決策など簡単に導き出せるものではない。ではどうすればいいか。解決策を考えるためには、思考を活性化させて、課題を「こねくり回す」ことが重要である。

以下では、課題をこねくり回して思考するためのふたつの手法を紹介したい。

ひとつは、「インフルエンス・ダイアグラム（Influence Diagram　影響図）」を利用する方法である。インフルエンス・ダイアグラムとは、意思決定項目と不確定要素、価値基準（評価指標）の相互の関係を矢印で連結した図である。簡単に言えば、ある選択肢を選んだ場合に、その後どのような経過をたどるかをシミュレーションすること。ノンフィクション作家のスティーブン・ジョンソンは、19世紀初頭に行われたニューヨーク・マンハッタンの「コレクトポンド」と呼ばれる池の埋め立ての事例をあげて、インフルエンス・ダイアグラムの重要性を指摘している。

コレクトポンドは地下から水が湧き出ている清浄な池で、湧き水は飲み水に利用されていた。ところが、18世紀後半に池のほとりになめし革工場が建設されると、池周辺の湿地は動物の死骸の廃棄場と化した。コレクトポンドは漏れ出したゴミや小便、大便などが投棄される「穴」になっていった。汚染が進み、コレクトポンドの水は当然飲むことができなくなった。

そこで、市民団体は周辺の丘を含めた辺り一帯を市民公園にすることを提案した。しかし、市は池を埋め立てて高級住宅地にする計画を立て、その計画を実施した。コレクトポンド跡地には立派な住宅街ができ、コレクトポンドは富裕層が住む新しい街に変貌した。しかし、その後、地中の微生物の働きによって、地盤が沈み始め、土地からは腐敗臭が発生するようになった。これに耐えかねた富裕な住民たちは、数年のうちに逃げ出し、住宅価値は暴落した。代わりに、最も貧しい住民が集まり始め、その土地は犯罪と堕落の地として世界中に知れ渡るようになる。

現在は、その地には政府庁舎と高層ビルが立ち並んでいるが、市民団体が提案した市民公園ができていたならば、その景観はもっと違っていたものになっていただろう。そして、仮に19世紀初頭に、インフルエンス・ダイアグラムという「視覚化ツール」を使って複雑な意思決定を、例えば図5のように描くことができたとすれば、問題の複雑さを明らかにすることができたはずである。(＊22)

つまり、「池の埋め立て」という政策は、プラスの連鎖が生じれば経済発展につながるかもしれないが、マイナスの連鎖が起きれば、スラム化という事態が起きるかもしれないということがわかったはずである。人間は、熟考型の長期的意思決定をする能力を持っている。したがって、プラスとマイナスの影響を一緒に分析するツールの役割は大

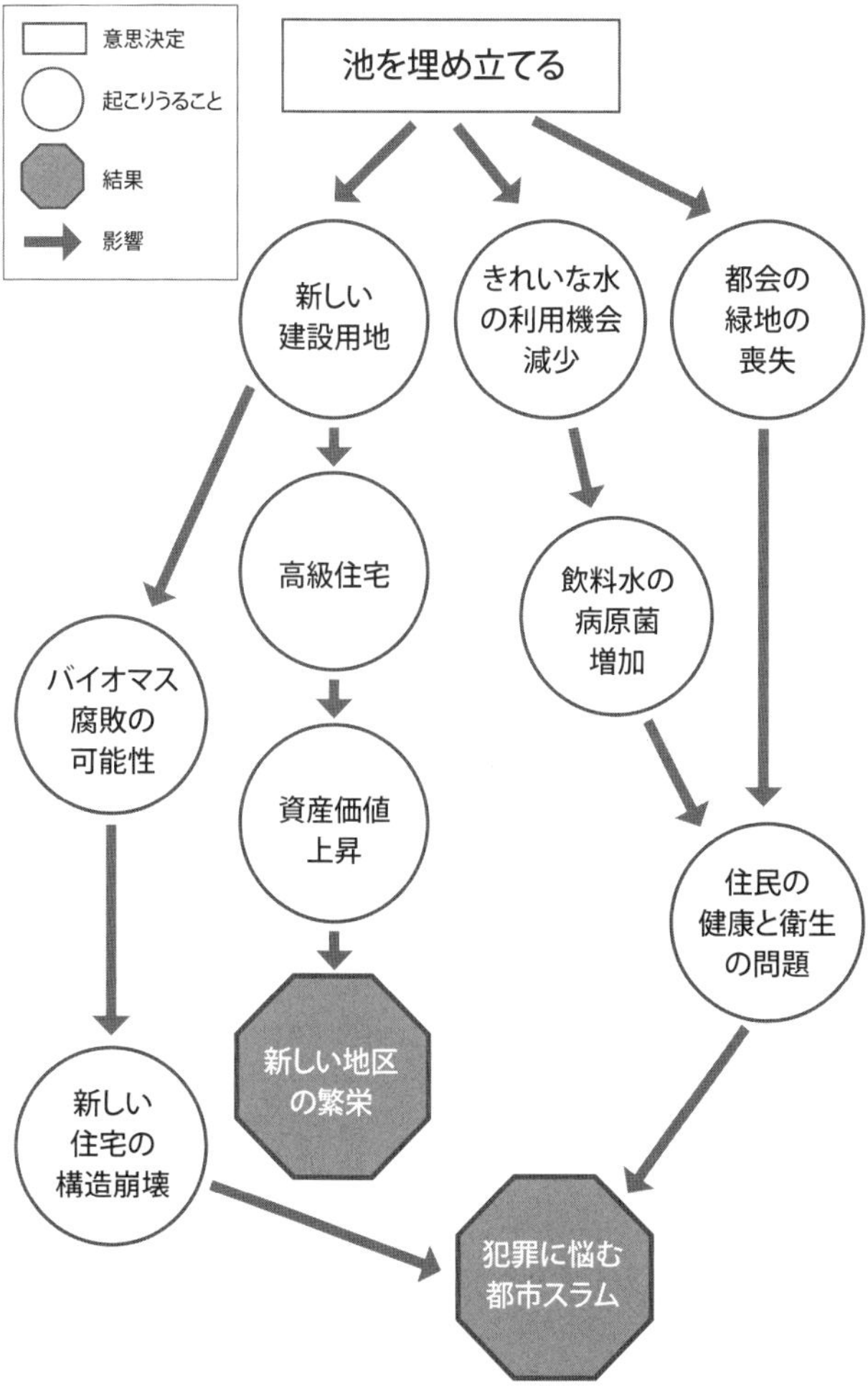

図５　池の埋め立ての影響分析　スティーブン・ジョンソン『世界が動いた「決断」の物語　新・人類進化史』朝日新聞出版（2019）のp.65の図を参考に作成。

きい。

実際、現在では、自社を取り巻く環境がどう変化するのかを知るための方法としてインフルエンス・ダイアグラムを活用している企業も少なくない。また、同じような手法として「シナリオ分析」がある。例えば、新しい技術や部品などを導入することによって何が起きるかをできるだけ時系列に沿って分析する手法である。

アンチプロブレムを活用する

思考を活性化させて課題をこねくり回して思考するためのもうひとつの方法は、課題を解決するのではなく、解決しない（あるいは課題を悪化させる）方法について考えることである。「アンチプロブレム」という手法で、正反対の課題を考えることによって解決すべき課題が見えてくることも多い。

例えば、「ある商品をヒットさせる」という課題について、「その商品を1個も売れなくするにはどうすればいいか」を考える。「新規顧客を獲得するにはどうしたらいいか」という課題については、「どうすれば新規顧客を獲得しないですむか」を考える。「イノベーティブな会社にするためにはどうすればいいか」という課題であれば、「イノベーティブな要素をすべて排除した会社にするためにはどうすればいいか」を考える。「選挙の投票率を上げる」という課題であれば、「投票率を0％にするための方法」を考える。「出生率を上げる」という課題に対しては「出生率を減少させるための方法」を考えるという具合である。（＊23）

どうしたら課題を解決できるかを正攻法で考えると、とかく行き詰まってしまう。そういう時には、課題を逆から考えてみる。そうすると、思いもよらぬ面白いアイディアが出てくることもある。それを防止するアイディアを考えれば、課題に対する解決策の選択肢ができあがる。課題をこねくり回して選択肢を導き出す際には使ってみてほしい手法だ。

4つ以上の解決策を策定する

設定された「課題」（イシュー）をもとに複数の解決策の選択肢をつくり出す際の注意事項をもうひとつ指摘しておきたい。それは、最低でも4つ以上の解決策を考えるということである。

例えば、あるコンピュータ部品メーカーが、高性能画像処理CPUの開発を継続するかどうかという「課題」を検討し、「開発するか、断念するか」というふたつの選択肢を考えたとする。しかし、「課題」解決のためのこの選択肢は望ましいとは言えない。「開発するか・断念するか」という二分法で考えているからである。

一般に、ある「課題」に対する解決策を検討する場合に、ふたつの選択肢をあげてそれぞれのメリットとデメリットを比較することが多い。「プロ・コン型」と言われる手法で、この例で言えば、「開発した場合」と「断念した場合」のメリットとデメリットを考えて比較して判断するというものである。しかし、メリット（プラス面）とデメリット（マイナス面）としてあげられるものには定性データが多く、主観的な判断が含まれている。そのため、分析者によって結果が変わることもある。したがって、プラス面とマイナス面を正確に比較することはできないという欠点がある。

もうひとつの方法は「シミュレーション型」。この例で言えば、開発と断念というそれぞれの選択肢をした時に、例えば2年後に「どうなっているか」を考えるというものである。先に紹介した「インフルエンス・ダイアグラム」と似た手法であり、「プロ・コン型」よりも望ましく、「賛成か反対か」という二分法の議論に陥ることも防いでくれる。

評価と意思決定

（エヴァリュエーション・アンド・デシジョン・メイキング　Evaluation and Decision Making）

組織内意思決定で「対話力」を活かしたグループダイナミクスが働くための第五のポイントは、これまでの対話のプロセスで得られた複数の選択肢のそれぞれを評価して決断すること。決断は最も困難なことである。世の中の出来事に唯一の正解などあり得ないからである。仮に「対話」が行われ、グループダイナミクスが働いたとしても、そこで出された「決断」が唯一の正解であるとは限らないということである。

また、組織内意思決定では、会議で「対話」を行い、最終的にはリーダーが決断を行う。したがって、より良い決断をするためには優秀なリーダーの資質が欠かせないことになる。一般に、能力の低い人物ほど自らの発言や行動について、実際よりも高い評価を行ってしまう傾向があると言われる。「ダニング・クルーガー効果」と呼ばれる認知バイアスであり、能力が不足している人間ほど自信過剰に陥る傾向があるということである。逆に、能力の高い人ほど自らを過小評価する傾向がある。洞察力のある優秀なリーダーは、自分が下した決断について絶対的な自信を持っていないということである。（＊24）

より良い決断のための留意事項

より良い決断がなされるために留意しておかなければならないことが4つある。

第一は、熟慮熟考し、4つ以上の選択肢を用意すること。実際、最終的に最も重要な意思決定をする際に、人は本能や直観に頼ることなく、時間をかけて熟考している。また、ある研究によれば、選択肢をひとつしか検討しない場合には50％の確率で自らの決定を失敗と判断しているのに対して、ふたつ以上の選択肢が検討された決定については3分の2の確率で成功と感じているとのことである。決断に際しては、最低でも複数の選択肢を用意することが必要である。(＊25)

第二は、決断に作用するかもしれない心理的なバイアスに気をつけること。人はとかく安易な連想に陥りやすい。営業不振であれば、もっと営業を頑張れ、という発想をしがちである。また、理解しやすいものは正しいと錯覚する。「ある商品を売るためには安くしなければいけないので廉価版を出す」という発想である。これを「認知容易性バイアス」という。

さらに、自分の信念に近いものを信じるという「確証バイアス」もある。よい製品は必ず売れるからといって性能をよりアップするような例である。ある人物の特定の業績だけを見て、すべてにおいて優秀だと評価することもある。海外事業で実績のある部長に任せれば国内での営業不振は解消されるというように考えることで、「ハロー効果」と呼ばれる。

このようなバイアスはすべて、熟慮せずに、お決まりのやり方に飛びつくという「近道」をしようとすることから生じる。近道していては、より良い決断を導くことはできない。（*26）

第三は、決断を歪ませる思考の障害を意識すること。例えば、過去に行った投資は回収不能であるにもかかわらず、それを取り戻すためにさらに投資を拡大しようとすることがある。すでに行ってしまった投資を「サンクコスト」（埋没費用）という。「サンクコストは無視する」というのが経済学の教えるところである。また、いま持っている資産などについて、実際以上に大きな価値があると思い込む心理的バイアスもある。M&Aの価値評価などで、実際以上の価値があるものと思い込んでしまうと決断を間違えかねない。

「悪魔の代弁者」の役割

第四は、決断を精査すること。あらゆる決断には必ずリスクが伴う。したがって、ひとつの決断を下す際には、その決断が最良のものであるかどうかを確かめておく必要がある。

決断の質を確認する思考ツールとして「悪魔の代弁者」という方法がある。「悪魔の代弁者」とは「カトリック教会で信者を死後に聖人の地位にあげる」（列聖《れっせい》と言う）際に、あえてその人物の欠点や問題点を指摘する「列聖調査審問検事」のこと。イギリスの哲学者で経済学者のJ・S・ミル（＊27）は『自由論』の中で、次のように書いている。

「諸々の境界の中で最も不寛容なローマ・カトリック教会であっても、聖者を列聖するときには、『悪魔の代弁者』を招き入れ、じっと耳を傾ける。もっとも聖なる人であっても、その人の難点だと悪魔が言うことのできるすべてが知られ考量されるまでは死者の名誉を認めてもらえそうにない」

悪魔の代弁者は、少数意見を聞き、その主張を確認するための思考ツールである。また、時にリーダーが暴走して決断を下すケースもあるかもしれない。中国文学者の守屋《もりや》洋《ひろし》氏（＊28）は『貞観政要《じょうがんせいよう》』（＊29）の重要なポイントのひとつとして、「部下の諫言《かんげん》に耳を傾ける」ことをあげている。

「人間は誰でも過ちを犯す。君主といえども例外ではない。それを指摘してくれるものがいれば、過ちを最小限に食い止めることができる。自らの暴走に歯止めをかけるためにも、諫言の道を広く開けておかなければならない」

「諫言」とは、目上の人の過失などを指摘して忠告すること。決断にあえて反対する意見を述べる機会をつくることも必要だということだろう。

まとめ——SPICEアプローチ

以上をまとめることにしよう。「対話」とは、異なる考えや意見を持っている相手との対立を前提とした話し合いである。「対話」とは、相手に迎合することなく、自分と相手の意見の相違を確認し、その違いを乗り越えるために協働して問題解決に取り組む作業である。組織内意思決定で、「対話力」を発揮してグループダイナミクスを働かせるためには、5つのポイントを活用することが重要である。

第一は、状況把握・利害関係者分析(Situation, Stakeholder Analysis)。議題のミッションを明確にして共有するとともに、顧客、政府機関、競合相手、自社内の他の部署など、組織が行う意思決定に影響を受けると思われるさまざまな「利害関係者」について、事前に調査・分析して情報を共有しておくこと。時間がない場合は、ミッションを意識してこの検討を行うこと。

第二は、さまざまな利害関係者のさまざまな視点を獲得すること（Perspective taking)。同じ事柄についても、人はそれぞれ違った見方をする。したがって、限られた当事者だけの一方的な思い込みではなく、それぞれの利害関係者が持つ複数の視点を知るように心がけるべきである。

第三は、「課題」をつくること（Issue Making)。さまざまな利害関係者について深く分析し、それぞれの利害関係者が持つ複数の視点を獲得することができれば、その先に「課題」が見えてくる。このプロセスでは、とりわけ「対話力」が重要になる。

第四は、「課題」解決のための選択肢を用意すること（Creative Options）。まずはできるだけ多くの選択肢を用意して（拡散）、その後で絞り込む（収束）という方法をとることが望ましい。

第五は、評価と意思決定（Evaluation and Decision Making）。複数の選択肢を評価してひとつ（あるいはふたつ）に絞り込んで、決断する。その決断は必ずしも正解ではないかもしれないことを考慮して、常に別解を用意しておくことも重要である。

以上の5項目の英語の頭文字を並べるとＳＰＩＣＥ（スパイス）になる。そこで、以上の5つのポイントを、組織内意思決定でグループダイナミクスを働かせるための「ＳＰＩＣＥアプローチ」と呼ぶ。

図解――ＳＰＩＣＥアプローチ

最後に、このＳＰＩＣＥアプローチの使い方を図で示してみよう（図6）。

ＳＰＩＣＥアプローチはきわめて単純な構成になっている。したがって、使い方も簡単である。

まず、利害関係者（Ｓ）と視点（Ｐ）は可能な限り数多く集めるようにする（拡散）。

そして、いくつかのＳとＰの組み合わせの中から、複数の課題（Ｉ）を浮かび上がらせる（収束）。課題（I）が思い浮かばない場合には、SとPの分析をもう一度繰り返す。この図では、3つの課題が生まれることにしている。

次に、3つの課題のそれぞれから解決案の選択肢（C）をできるだけ多く考えてから複数に絞っていく（拡散・収束）。そして、複数のCを評価して、どれかひとつを選ぶのか、それとも複数のCを合体して新しいCをつくるのかを決断し、実行する。図では、最終的に決断した解決策（E）として、E1、E2、E3、E4があることを示している。

組織内意思決定を行ううえで、SPICEアプローチは便利なツールである。日々行われる会議で、思考の混乱を防いで、組織内意思決定でグループダイナミクスを働かせるために「SPICEアプローチ」を活用することをお勧めしたい。

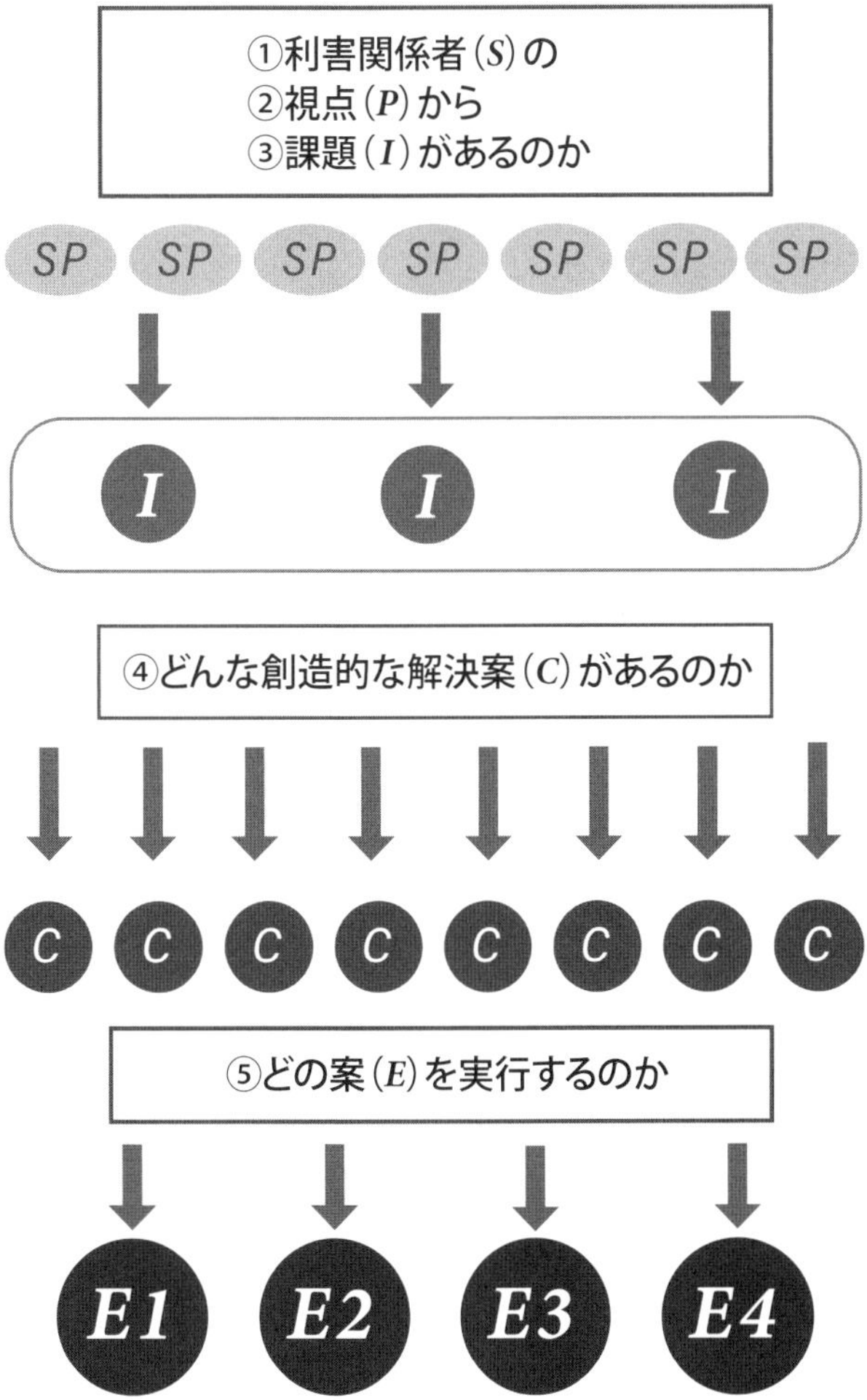

図6　SPICE アプローチの使い方

*17　スティーブン・スローマン、フィリップ・ファーンバック『知ってるつもり　無知の科学』早川書房（2018年）。

*18　ベーカー&マッケンジー法律事務所（外国法共同事業）＝デロイト・トーマツ・コンサルティング合同会社編著『インフォメーション・ガバナンス　企業が扱う情報管理のすべて　顧客情報から社内情報まで』東洋経済新報社（2018年）。

*19　【中室牧子（なかむろ　まきこ）】1975年、奈良県生まれ。1998年、慶應義塾大学環境情報学部卒業後、日本銀行、世界銀行、東北大学を経て、現在、慶應義塾大学総合政策学部教授。米国ニューヨーク市のコロンビア大学で学ぶ（MPA、Ph.D.）。専門は、経済学の理論や手法を用いて教育を分析する「教育経済学」。

*20　【津川友介（つがわ　ゆうすけ）】カリフォルニア大学ロサンゼルス校（UCLA）内科学助教授、医師。東北大学医学部卒業後、聖路加国際病院、ベス・イスラエル・ディーコネス・メディカル・センター（ハーバード大学医学部付属病院）、世界銀行を経て現職。ハーバード公衆衛生大学院にてMPH(公衆衛生学修士号)、ハーバード大学で医療政策学のPh.D.取得。専門は医療政策学、医療経済学。

*21　中室牧子・津川友介『「原因と結果」の経済学―データから真実を見抜く思考法』ダイヤモンド社（2017年）。

*22・25　スティーブン・ジョンソン『世界が動いた「決断」の物語　新・人類進化史』朝日新聞出版（2019年）。

*23　デイブ・グレイ、サニー・ブラウン、ジェームズ・マカヌフォ『ゲームストーミング―会議、チーム、プロジェクトを成功へと導く87のゲーム』オライリージャパン（2011年）。

*24　参考文献　Kruger, Justin; Dunning, David (1999). "Unskilled and Unaware of It: How Difficulties in Recognizing One's Own Incompetence Lead to Inflated Self-Assessments". Journal of Personality and Social Psychology 77 (6): 1121–34。

*26　ダニエル・カーネマン『ファスト&スロー（上・下）あなたの意思はどのように決まるか？』早川書房

（２０１４年）。

＊27【Ｊ・Ｓ・ミル（１８０６年〜１８７３年）】イギリスの哲学者、経済学者、社会学者。代表的な著書は『経済学原理』『自由論』。『経済学原理』（１８４８年刊行）は、経済の生産面を研究したアダム・スミス、生産物の分配面を理論化したデヴィッド・リカードの両者を統合した著書である。ロンドンに生まれる。幼少からギリシャ語、ラテン語などを習得し、14歳の時、フランスに留学するなど、神童と呼ばれた。自由主義・リバタリアニズムなど社会民主主義の思潮にも大きな影響を与えた。倫理学ではベンサムの唱えた功利主義の擁護者として知られる。

＊28【守屋　洋（もりや　ひろし）】著述業、中国文学者。１９３２年、宮城県生まれ。東京都立大学大学院中国文学修士課程修了。中国古典の翻訳、これに関連するビジネス書を数多く執筆。

＊29『貞観政要（じょうがんせいよう）』中国唐の時代に編纂された、第２代皇帝太宗《たいそう》（５９８年〜６４９年・在位６２６年〜６４９年）の言行録。全10巻40篇。太宗が臣下とかわした問答が主な内容。

あとがき

大学での専門分野を聞かれれば、私たち（田村と隅田）は、「経済法」と「交渉学」と答えるようにしている。経済法はほとんどすべての大学で教えられているが、交渉学を教える大学はまだ少ないので、怪訝な顔をされることもある。

交渉学研究のきっかけは、田村がハーバード大学で受けたフィッシャー教授の授業で鮮烈な体験をしたことにある。日本に帰国後、田村は、隅田とともに交渉学の研究に取り組んできた。交渉学については、これまでの著書（『戦略的交渉入門』日本経済新聞出版、『ハーバード×慶應流　交渉学入門』中央公論新社など）を参照していただきたい。

実は、交渉学研究の過程で気づいたのが、「対話」の重要性だった。本書の第1章で紹介したように、日本に「対話」がないと言われて久しい。日本における「対話不全」を、日本の特性と見る人もいるが、海外でも「対話」に関する多数の書物が出版されていることを考えると、「対話不全」は必ずしも日本の特性ではないことがわかる。

そこで、「交渉学」とともに「対話学」についての研究も行い、研究の成果をセミナーやワークショップで発表してきた。本書は、「対話学」の現時点での研究成果をわかりやすい形でまとめたものだが、「対話学」は奥深い学問であり、より一層の研究と実証が必要であるように思われる。その意味で本書は、「対話学」事始めと言えるかもしれない。

本書は、「哲学（的）対話」に基礎を置きながら、組織内意思決定における対話の重要性に焦点を当てている。

量子物理学者のデヴィッド・ボーム博士は、通常の人間の思考は対立し合ったり、互いに打ち消し合ったりしているが、もし「一貫性のある」方法で共に考えられるようになれば、驚異的な力が生まれるだろう、と指摘している。そして、「対話」によって、認識レベルだけではなく、暗黙レベルでも「一貫性のある」動きが可能になる。深い意味での暗黙的なプロセスは、かつて全人類が知っていたが、「その後5000年にわたる文明」の中で忘れ去られた、と書いている。

また、東京大学の梶谷真司教授は、「対話が哲学的になった瞬間は、感覚的に分かる。全身がざわつく感じ、ふっと体が軽くなった感じ、床が抜けて宙に浮いたような感覚、目の前が一瞬開けて体がのびやかになる解放感」と書いている。デヴィッド・ボーム博士が言う「一貫性」が生まれた瞬間なのかもしれない。

劇作家の平田オリザ氏は、「理解する部分を少しずつ増やし、広げて、一つの社会に生きていかなければならない（が）、……差異のなかに喜びを見出す方法もある」と指摘している。また、哲学者の中島義道氏は、〈対話〉によって「他者を消し去るのではなく、他者の異質性を尊重する社会」が生まれるだろうと書いている。

本書が読者諸氏の「対話」への興味を喚起することができれば、私たちの望外な喜びであり、日本で、そして世界のさまざまな場で「対話」が行われるようになることを切に期待したい。
本書はさまざまな書物や先行研究の上に成り立っている。参考にさせていただいた書物や論文は「参考文献一覧」に掲載した。また、引用文については明確に示しているが、一般の読者向けという本書の性格上、引用した頁は明記しなかった。参考にさせていただいた書物・論文の著者・訳者の方々に深く感謝したい。

最後に、本書のアイディアの段階での構成の相談から編集・校正・校閲まで、堀岡編集事務所の堀岡治男さん、東京書籍の内田宏壽さんに大変お世話になった。おふたりがいなければ、本書は出来上がらなかったと言ってもいいかもしれない。期して感謝したい。

２０２０年12月

田村次朗・隅田浩司

Incompetence Lead to Inflated Self-Assessments". Journal of Personality and Social Psychology 77 (6): 1121–34
◎ジョン・スチュアート・ミル（関口正司・翻訳）『自由論』岩波文庫、岩波書店、2020（原著 1869）
◎呉兢（守屋洋・翻訳）『貞観政要 』ちくま学芸文庫、筑摩書房、2015

【参照文献】

◎米光一成『仕事を 100 倍楽しくするプロジェクト攻略本』ベストセラーズ、2007
◎杉万俊夫『グループ・ダイナミックス入門—組織と地域を変える実践学』世界思想社、2013
◎アン・ディクソン『それでも話し始めよう アサーティブネスに学ぶ対等なコミュニケーション』クレイン、2006
◎ピーター・センゲ『学習する組織—システム思考で未来を創造する』英治出版、2011
◎デビッド・シベット『ビジュアル・ミーティング 予想外のアイデアと成果を生む「チーム会議」術』朝日新聞出版、2013
◎ロナルド・A・ハイフェッツほか『最難関のリーダーシップ—変革をやり遂げる意志とスキル』英治出版、2017
◎ケネス・J・ガーゲン／メアリー・ガーゲン（伊藤守・監訳、 二宮美樹・翻訳統括）『現実はいつも対話から生まれる』ディスカヴァー・トゥエンティワン、2018
◎ロジャー・フィッシャーほか『ハーバード流交渉術』阪急コミュニケーションズ、新版、1998
◎中野民夫『ワークショップ—新しい学びと創造の場』岩波新書、岩波書店、2001
◎小野伸一「組織経営の古典的著作を読む（II）ハーバート・サイモンの『経営行動』」『経済のプリズム』No.115、2013.7

参考文献

【本書引用文献】

◎太田肇『「承認欲求」の呪縛』新潮新書、新潮社、2019

◎ダニエル・カーネマン（村井章子・翻訳）『ファスト＆スロー（上・下）あなたの意思はどのように決まるか？』ハヤカワ・ノンフィクション文庫、早川書房、2014

◎中島義道『＜対話＞のない社会—思いやりと優しさが圧殺するもの』PHP新書、PHP研究所、1997

◎平田オリザ『対話のレッスン—日本人のためのコミュニケーション術』講談社学術文庫、講談社、2015

◎デヴィッド・ボーム／ピーターM.センゲほか、（金井真弓・翻訳）『ダイアローグ—対立から共生へ、議論から対話へ』英治出版、2007

◎K・ガーゲン／L・ヒエストゥッド（伊藤守・監訳、二宮美樹・翻訳）『ダイアローグ・マネジメント 対話が生み出す強い組織』ディスカヴァー・トゥエンティワン、2015

◎梶谷真司『考えるとはどういうことか　0歳から100歳までの哲学入門』幻冬舎新書、幻冬舎、2018

◎井庭崇・長井雅史『対話のことば　オープンダイアローグに学ぶ問題解消のための対話の心得』丸善出版、2018

◎ピーター・M.センゲ（守部信之・翻訳）『最強組織の法則—新時代のチームワークとは何か』徳間書店、1995

◎米倉誠一郎『イノベーターたちの日本史—近代日本の創造的対応』東洋経済新報社、2017

◎ロバート・ケネディ（毎日新聞社外信部・翻訳）『13日間—キューバ危機回顧録』中公文庫、中央公論新社、改版、2014

◎スティーブン・ジョンソン（大田直子・翻訳）『世界が動いた「決断」の物語　新・人類進化史』朝日新聞出版、2019

◎中室牧子・津川友介『「原因と結果」の経済学—データから真実を見抜く思考法』ダイヤモンド社、2017

◎ Kruger, Justin; Dunning, David (1999). “Unskilled and Unaware of It: How Difficulties in Recognizing One's Own

田村 次朗（たむら じろう）

慶應義塾大学法学部教授、弁護士。慶應義塾大学法学部卒、ハーバード・ロースクール修士課程修了、慶應義塾大学大学院。ブルッキングス研究所、アメリカ上院議員事務所客員研究員、ジョージタウン大学ロースクール兼任教授を経て、現職。ハーバード大学国際交渉学プログラム・インターナショナル・アカデミック・アドバイザー。ホワイト＆ケース法律事務所特別顧問。

＜主な著書＞『交渉の戦略』(ダイヤモンド社)、『16歳からの交渉力』(実務教育出版)、『独占禁止法』(共著、弘文堂)、『ハーバード×慶應流 交渉学入門』(中公新書ラクレ)ほか。

隅田浩司（すみだ　こうじ）

東京富士大学経営学部教授。慶應義塾大学法学部法律学科、同大学大学院法学研究科修士課程、博士課程単位取得退学（博士・法学）。専門は経済法、国際経済法、グループダイナミクス、交渉学。慶應義塾大学グローバルセキュリティ研究所（G-SEC）客員研究員。

＜主な著書＞『戦略的交渉入門 』（共著、日経文庫）、『ビジュアル解説 交渉学入門』（共著、日本経済新聞出版社）、『プロフェッショナルの戦略交渉術―合意の質を高めるための31ポイント』（日本経団連出版）ほか。

装丁　長谷川 理
イラスト　後藤 知江
編集協力　堀岡 治男
編集　内田 宏壽（東京書籍）

リーダーシップを鍛える「対話学」のすゝめ

令和三年二月五日　第一刷発行

著者　田村次朗《たむらじろう》・隅田浩司《すみだこうじ》

発行者　千石雅仁

発行所　東京書籍株式会社
〒一一四-八五二四　東京都北区堀船二-一七-一
電話　〇三（五三九〇）七五三一（営業）
〇三（五三九〇）七五三四（編集）

印刷・製本　図書印刷株式会社

定価はカバーに表示してあります。
乱丁・落丁の場合はお取り替えいたします。

https://www.tokyo-shoseki.co.jp
ISBN 978-4-487-80852-6 C0030